Illustrierte Konsumgeschichte der DDR

Annette Kaminsky

Dr. Annette Kaminsky ist wissenschaftliche Mitarbeiterin bei der Stiftung zur Aufarbeitung der SED-Diktatur in Berlin

Publikationen u. a.: Kaufrausch (1998), Heimkehr 1948 (1998)

Landeszentrale für politische Bildung Thüringen
Bergstraße 4
99092 Erfurt
1999
ISBN 3-931426-31-9

Inhalt

Einleitung	5
Von der „Rationengesellschaft" zur „Konsumwende" (1945–1953)	11
Alltag im Mangel	12
„Zum Sterben zu viel, zum Leben zu wenig"	12
Währungsreform	14
„So wie wir heute arbeiten, werden wir morgen leben"	15
Der „neue Kurs"	18
Der „neue Kurs" und die „Versorgung auf Weltniveau" (1953–1961)	23
Überholen ohne einzuholen	24
Die „richtige Lenkung des Warenstroms"	27
„Alles für das Land"	28
„Moderne Menschen kaufen modern"	30
Die „guten sechziger Jahre" – Konsolidierung im Schatten der Mauer	37
Frauen in die Produktion	38
Dienstleistungen und Modernisierung der Haushalte	40
„Muttis kleine Helfer"	41
Die Ernährung – Ein Politikum ersten Ranges	43
„Frau Mode" und „Herr Geschmack" – Die Bekleidung des sozialistischen Menschen	50
Die sinnvolle Nutzung der Freizeit	59
„Gute Unterhaltung"	63
Hilf Dir selbst	67
Von der individuellen Bedürfnisbefriedigung zu den „sozialistischen Errungenschaften"	71
Das moderne und behagliche Heim	78
Motorisierung	84
Das Jahrzehnt der Krisen – „Noch nie bereitete der Einkauf soviel Verdruß und Mühe wie in jüngster Zeit"	87
Eine delikate Versorgungsstrategie	90
Schaufenster Berlin	95
Ausländer als Sündenböcke	96
Epilog	97

Einleitung

1959 erschien in der DDR ein Buch mit dem verheißungsvollen Titel „Unsere Welt von morgen". In diesem Werk, das den Teilnehmern an der Jugendweihe in der DDR als Geschenk bei der offiziellen Feierstunde überreicht wurde, waren die Vorstellungen der SED-Führung über die sozialistische und späterhin kommunistische Zukunft der DDR beschrieben.[1] Das Buch begann mit dem Ausflug eines US-Bürgers, der in der DDR im Jahre 2000 staunend „eine konsequent durchkonstruierte kommunistische Welt", in der „eine unvorstellbare Fülle von Waren und Dienstleistungen zum allgemeinen Nutzen zur Verfügung stand und in der alle Fragen vollkommen und vernünftig geregelt waren", kennenlernte. Der Amerikaner fand nicht nur technisch hochentwickelte Industrieanlagen und eine sozial gerechte Gesellschaftsordnung, die alle humanistischen Wunschträume der Menschheitsgeschichte verwirklicht hatte. Er fand darüber hinaus das Konsum-Dorado schlechthin, in dem „großartige Warenhäuser; Musik nach Wahl aus der Wand; ein untadeliges Gesundheitswesen; wunderbare Möglichkeiten für Sport, Erholung, Bildung, unbürokratische Verwaltungseinrichtungen, eine Justiz, die bereits zur psychotherapeutischen Behandlung von Ausgefallenheiten übergegangen ist; eine die Welt umspannende sozialistische Brüderlichkeit" herrschten. Diese für den Amerikaner exotische Welt würde für die DDR-Bürger bald Wirklichkeit sein, versprach das Buch. Ihnen wurden Großkaufhäuser verheißen, in denen die Muster aller verfügbaren Konsumartikel zur Ansicht bereitliegen würden. Der Kunde sollte sich seine Ware aussuchen und nach seinem eigenen Geschmack ändern lassen können. Wenn er nach seinem ausgedehnten Einkaufsbummel zu Hause ankam, wollte der Transportservice des Warenhauses ihm die auf seine individuellen Bedürfnisse zugeschnittenen Waren bereits geliefert und aufgebaut haben. Die „Warenfülle von morgen" wurde gepriesen als „eine Fülle von landwirtschaftlichen und industriellen Produkten aller Art, von der Ente bis zur Hühnerbrust in Aspik, von Ananas in Dosen bis zum Futterreis, vom Jutesack bis zum Seidenhemd, vom Fahrrad mit allen Schikanen bis zum Traumwagen (der groß oder klein sein kann, aber immer ausgezeichnet passen muß!), vom Sportflugzeug bis zum Stratokreuzer, vom Kinderfilm bis zum wissenschaftlichen Buch, die schon in wenigen Jahren auf uns als Verbraucher und Benutzer zugewatschelt, -gerollt, -gefahren und -geflogen kommt". Solche Utopien mußten angesichts der realen Alltags- und Lebensbedingungen in der DDR, in denen Einkauf und Versorgung zu den eher unangenehmen Seiten des täglichen Lebens zählten, etwas sehr Verlockendes haben. Als aber das Jahr 1990, in dem die im Buch verheißenen Dinge Wirklichkeit geworden sein sollten, erreicht war, existierte die DDR nicht mehr.

Nach 1945 sahen sich die Menschen in allen Teilen Deutschlands mit den gleichen täglichen Problemen des Nachkriegselends konfrontiert: Tod, Hunger, Not und Zerstörungen unvorstellbaren Ausmaßes zeichneten das Land. Allerdings zeigte sich schon bald nach Kriegsende, daß in den einzelnen Besatzungszonen unterschiedliche politische Entwicklungen vonstatten gingen, die auch zu verschiedenen Versorgungs- und Konsumentwicklungen führten. In den westlichen Besatzungszonen hielt nach der Währungsreform 1948 mit dem „Wirtschaftswunder" nach und nach der Wohlstand Einzug. Die aus der sowjetischen Besatzungszone entstandene DDR jedoch

Enttrümmerung, August 1946 in Erfurt.

(Foto: Stadtarchiv Erfurt)

konnte die Mangelversorgung bis zuletzt nicht in den Griff bekommen. Sie hatte vielmehr damit zu tun, die in den fünfziger Jahren vollmundig gegebenen Versprechen zu relativieren und den selbst beschworenen Vergleich mit westdeutschem Lebens- und Versorgungsniveau wieder aus den Köpfen zu vertreiben und den Menschen ein „sozialistisches" Versorgungs- und Lebensniveau nahezubringen. In diesem sollten weniger die Erfüllung individueller Konsumwünsche als vielmehr die kollektiven „sozialen Errungenschaften" zählen. Aber das gelang trotz aller ideologischen und propagandistischen Anstrengungen nicht. Die Menschen in der DDR waren nicht bereit, von dem ihnen Ende der fünfziger Jahre versprochenen Traum vom westdeutschen Lebensniveau abzurücken.

Dabei hatte die SED frühzeitig erkannt, daß die Lösung der Versorgungsprobleme ihre Macht und ihren Anspruch, die führende Kraft im Lande zu sein, festigen würde. Immer wieder versuchte die Partei, das Lebensniveau zu heben, einen größeren Wohlstand zu erreichen, den Dienstleistungssektor auszubauen und die stetig wachsenden Konsumwünsche ihrer Bürger zu befriedigen. So erscheint die Geschichte

Konsum-Kaufhaus in Erfurt 1953

(Foto: Stadtarchiv Erfurt)

der DDR auch als Geschichte von konsumpolitischen Ereignissen, die in direkter Verbindung zur politischen Geschichte standen. Auf den 17. Juni 1953, den Aufstand 1956 in Ungarn, den Mauerbau 1961 oder den Prager Frühling 1968, die politischen Krisen in Polen Ende der sechziger und Ende der siebziger Jahre wurde mit Entscheidungen reagiert, die auf eine Verbesserung der Versorgung der Bevölkerung mit Konsumgütern und auf eine Erhöhung der Kaufkraft zielten. Viele DDR-Bürger verbanden politische Ereignisse und Jahrestage mit Erwartungen an den eigenen Lebensstandard. Ihre Erfahrung bezeugte, daß vor sozialistischen Feiertagen, im Umfeld der SED-Parteitage und insbesondere vor Wahlen das Angebot in den Konsumverkaufsstellen, in Kaufhallen und Warenhäusern kurzfristig besser wurde. Gleichzeitig nährten diese Konsumschwankungen die Ängste vor kommenden Versorgungskrisen: „Wie soll das erst nächstes Jahr werden? Da gibt es keine Wahlen und keinen 30. Jahrestag", lauteten nur allzuoft die Klagen der DDR-Bürger.

Die SED-Führung kannte die Unzufriedenheit der Bevölkerung mit der Versorgungslage und fürchtete politische Konsequenzen. Seit dem Beginn der fünfziger Jahre beschloß sie immer wieder Programme und

Kampagnen zur Verbesserung der Versorgung. In der Bevölkerung wollte sich jedoch das Vertrauen in die Richtigkeit der Politik von Partei und Regierung nicht einstellen. Für die Menschen war gerade der Alltag mit seinen Versorgungsfragen zeitaufwendig und frustrierend. Sie kritisierten neben dem unzureichenden Warenangebot mit seinen sichtbaren Lücken das lange „Schlangestehen" und forderten immer wieder, die Mangelwaren besser zu verteilen.

Schließlich entstand ein direkter Zusammenhang zwischen dem mangelhaften Warenangebot und der zunehmenden Unzufriedenheit mit der Politik von SED und Regierung. Im November 1989 wurde offenbar, daß den Konsumproblemen und dem aufgestauten Verbraucherfrust, gepaart mit einer allgemeinen Unzufriedenheit mit den politischen und sozialen Verhältnissen, eine große Sprengkraft innewohnte, die letztlich zum Untergang der DDR führte.

1945–1953
Von der „Rationengesellschaft" zur „Konsumwende"

Alltag im Mangel

Als im Mai 1945 der Zweite Weltkrieg mit der Kapitulation Deutschlands zu Ende ging, belief sich das Erbe des deutschen Nationalsozialismus auf 55 Millionen Tote und unvorstellbare Zerstörungen.

Die Alliierten hatten bereits 1943 auf der Konferenz von Jalta Deutschland in Besatzungszonen aufgeteilt und ihre Einflußsphären abgesteckt. In diesen Besatzungszonen sollte jeweils eine der Siegermächte des Zweiten Weltkriegs die oberste Regierungsgewalt ausüben. Berlin, die zerstörte Hauptstadt, sollte in vier Sektoren aufgeteilt werden, ein Alliierter Kontrollrat die gesamtdeutschen Belange sicherstellen.

In der Sowjetischen Besatzungszone (SBZ), aus der 1949 die DDR hervorging, nahm die Sowjetische Militäradministration (SMAD) am 9. Juni 1945 ihre Arbeit auf. Sie regelte nicht nur alle politischen und wirtschaftlichen Fragen, wie die Zulassung der Parteien, die Herstellung der öffentlichen Ordnung und die Inbetriebnahme der Fabriken und Verwaltungen, sondern sie war auch für die Versorgung der Bevölkerung in ihrem Besatzungsgebiet zuständig.

„Zum Sterben zu viel, zum Leben zu wenig"

Die Menschen interessierte vor allem eine Frage: Woher konnten sie etwas zu essen bekommen? Nahrungsmittel und lebenswichtige Güter wie Kohlen und Brennstoffe waren bereits seit 1941 rationiert und wurden per „Kartenbewirtschaftung" an die Bevölkerung verteilt. Während dies anfänglich nur ausgewählte Güter betroffen hatte, gab es zu Kriegsende kaum noch eine Ware, die frei käuflich war. Die Karten waren in Lebensmittel-, Kleider- und Brennstoffabschnitte unterteilt. Über Ankündigungen im Rundfunk und durch Anschläge an Litfaßsäulen und Zeitungen erfuhren die Menschen, welche Kartenabschnitte aufgerufen waren, welche Waren in den Läden ausgegeben wurden. Wer zu spät kam, stand oft vor leeren Regalen und mußte ohne die fürs Überleben so wichtige Ration nach Hause gehen. Denn auch die Bewirtschaftung der Lebensmittel bedeutete nicht, daß jeder die ihm auf seine Karte zustehenden Nahrungsmittel erhielt. Diese konnten nur ausgegeben werden, wenn sie ihren Weg in die Städte gefunden hatten. Und das gestaltete sich durch die zerstörten Transportwege, die durch die von der sowjetischen Besatzungsmacht betriebene Demontage des zweiten Schienengleises noch mehr beeinträchtigt wurden, sowie fehlende Benzin- und Autobrennstoffe schwierig. Auch kümmerten sich die Landregionen, die zur Versorgung der Städte eingeteilt waren, zuerst um die Versorgung der eigenen Bevölkerung und kamen ihren Ablieferungspflichten nur zögernd nach. Der Verlust der deutschen Gebiete im Osten, aus denen vormals ein Großteil der Getreide- und Kartoffellieferungen gekommen waren, verschärfte die Lage weiter.

Die Verteilung der knappen Lebensmittel erfolgte in der SBZ bis Ende 1945 nach dem von den Nationalsozialisten eingeführten System. Ab 1. November 1945 setzte die sowjetische Besatzungsmacht ein neues Verteilungssystem in Kraft. Dieses sah eine Versorgung nach dem Wohnort und dem sozialen Status der Versorgten vor. Bewohner von Großstädten wurden von nun an besser versorgt als Einwohner kleiner Orte oder Landbewohner, von denen man annahm, daß sie sich durch eigene Höfe und Gärten teilweise selbst versorgen konnten.

Die Lebensmittelkarte wurde zum wichtigsten Dokument der Nachkriegszeit. Ihr Verlust kam einer Katastrophe gleich. Verteilt wurden die Karten über „Hausbeauftragte", die auch die anderen Meldenachweise wie Meldekarte und Arbeitsbescheinigung, die jeweils die Voraussetzung für den Erhalt einer Lebensmittelkarte waren, regelmäßig kontrollierten, um unberechtigte Versorger ausfindig zu machen. Die Karten waren in der Regel in fünf Kategorien unterteilt. Die begehrteste, weil am besten versorgte Kategorie war die I, die Schwerstarbeiter und Funktionäre erhielten. In die Kategorie II wurden Schwerarbeiter, in die III Arbeiter und in die IV Angestellte eingestuft. Kinder und die „sonstige Bevölkerung", zu der Rentner, Schwerbehinderte, nichterwerbstätige oder -erwerbsfähige Personen sowie Mitglieder nationalsozialistischer Organisationen zählten, erhielten die Karten der Gruppe V. In manchen Orten wurden die Karten der Gruppe I und II zusammengelegt. Erst 1947 wurde die „Sonstigen"-Karte, die die Bevölkerung als „Friedhofskarte" bezeichnete, in der gesamten SBZ abgeschafft.

Die Versorgungssätze legte die SMAD fest. Sie galten einheitlich für die gesamte SBZ. Nach der Kapitulation 1945 standen den Menschen jeden Tag zwei Scheiben Brot, eine dünne Haferflockensuppe und mit ein wenig Glück auch ein paar Kartoffeln zu. Im November 1945 erhielten die Versorger mit Karte I beispielsweise 450 g Brot, 50 g Fleisch, 31 g Fett, 40 g Nährmittel und 25 g Zucker, während ein Versorger der „Sonstigen"-Gruppe lediglich 250 g Brot, 23 g Fleisch, 7 g Fett, 15 g Nährmittel und 15 g Zucker verbrauchen konnte. Im Winter 1945 konnte ein Mensch durchschnittlich 750 bis 1.200 Kilokalorien – das ist etwa ein Drittel der normalen Kalorienmenge – pro Tag zu sich nehmen. Das war zum Sterben zu viel und zum Leben zu wenig. Im Sommer 1946 erfolgte eine erste Anhebung der Rationen, die jedoch zum Winter 1946 wieder rückgängig gemacht werden mußte, weil der harte erste Nachkriegswinter und die Dürre im Sommer 1946 zu einer katastrophal schlechten Ernte geführt hatten. Die Bodenreform, durch die im Frühjahr 1946 leistungsfähige Großgrundbesitzbetriebe in eine Vielzahl kleiner Parzellen für „Neubauern" aufgegliedert worden waren, wirkte sich ebenfalls verheerend auf die Versorgungssituation aus. Da den Neubauern, die zum großen Teil aus den ehemaligen „Ostgebieten" vertrieben waren, oftmals landwirtschaftliche Kenntnisse fehlten, sanken die Hektarerträge dramatisch. Ihre Erträge reichten anfänglich nur für die Eigenversorgung der Neubauern und ihrer Familien.

Noch 1947 lagen die Ernährungssätze der deutschen Bevölkerung in allen Besatzungszonen bei lediglich 50 bis 70 Prozent des vom Völkerbund angegebenen Existenzminimums. 80 Prozent aller Kinder galten als unterernährt. Kaum einer erreichte sein volles Leistungsvermögen. Die Arbeitsleistung eines deutschen Arbeiters wurde auf 60 Prozent des Vorkriegsstandes geschätzt.

Erst im Februar 1947 konnten die „Hungerrationen" endgültig angehoben werden und lagen nun amtlichen Angaben zufolge zwischen 1.500 und 2.200 Kilokalorien täglich. Allerdings kamen die auf den Karten ausgewiesenen Rationen noch immer nicht regelmäßig beim Verbraucher an. So streckten die Bäcker das Mehl mit Wasser, um auf das geforderte Brotgewicht zu kommen. Die auf den Karten angegebenen Mengen Fett, Fleisch oder Käse wurden nur teilweise oder gar nicht „aufgerufen".

Alles Genieß- und Verwertbare wurde zum Nahrungsmittel. Ersatzstoffe hatten Konjunktur. Die Zeitungen waren voller Empfehlungen, wie das wenige geschickt gestreckt werden konnte. Jede Hausfrau wurde zur Überlebenskünstlerin. Auf Fensterbänken, in öffentlichen Parks, auf den Hausdächern, auf allen verfügbaren Flächen bauten die Menschen Gemüse an. Neue Rezepte entstanden. Aus Kartoffelschalen wurde Kuchen gebacken. Sauerampfer, Löwenzahn und Brennessel gaben Salate ab. Rübenblätter dienten als Spinatersatz. In den Zeitungen wurden Kochrezepte für Mehlsuppen aus Erbsen, Grünkern oder Mais abgedruckt, man empfahl Vogelmiere und Geißfußblätter als Gemüse und warb für Torten aus Eicheln und Kaffeesatz.

Aber nicht nur beim Essen war Improvisation angesagt. Zum Waschen wurden Kastanien verwendet. War Kleidung einzufärben, so konnte mit Efeublättern, Kartoffelschalen, Sauerampfer, roten Rüben oder Ochsengalle gearbeitet werden. Aus Wehrmachtsuniformen wurden Mäntel geschneidert, Schuhe aus Autoreifen hergestellt. Wehrmachtsgeschirr lieferte die Materialien für Haushaltsgegenstände. Viele Menschen hatten ihre Wohnungen und ihre Habe verloren. Die Menschen wurden in Massenunterkünften und Lagern untergebracht, die in allen verfügbaren Räumlichkeiten eingerichtet waren: Kasernen, Schulen, Gasthäusern, Hotels, Sporthallen – jeder Quadratmeter Wohnraum wurde mit obdachlosen Menschen belegt. Man sprach nicht mehr von den „eigenen vier Wänden", sondern war froh, wenn man nach den Bombardements noch drei Wände, die notdürftig ausgebessert wurden, sein Eigen nannte. In den Ruinen richteten sich die Menschen ihre Behausungen notdürftig her.

Wer noch etwas zum Tauschen hatte, brachte seine wenigen Habseligkeiten auf den Schwarzmarkt, um hier zusätzliche Nahrungsmittel, Garn, Strümpfe oder Kohlen einzutauschen. Wer das Glück hatte, während der Bombardierungen aus den Städten aufs Land evakuiert worden zu sein, konnte jetzt seine Kontakte dorthin nutzen, um an Lebensmittel zu kommen. Die freien Tage nutzten viele Städter, um aufs Land „Hamstern" zu fahren. Noch brauchbare Bekleidung, Möbel, Geschirr, Schmuck, Bücher – alles wurde gegen Lebensmittel eingetauscht. Frauen und Kinder „stoppelten" im Herbst auf den abgeernteten Feldern, sobald diese freigegeben worden waren.

Währungsreform

Bis 1948 unterschied sich die Lebenssituation in den westlichen und der östlichen Besatzungszone kaum voneinander. Überall herrschten Mangel, Hunger und Not. Dies sollte sich jedoch in den westlichen Besatzungszonen mit der am 20. Juni 1948 durchgeführten Währungsreform ändern.

Das Angebot besserte sich schlagartig. Über Nacht warben allerorten volle Schaufenster um zahlungskräftige Kunden und verhießen „Gute Ware für gutes Geld". Dem Nachkriegswunschtraum von der Vorkriegsrealität war man im Westen mit der Währungsreform ein gutes Stück näher gekommen.

In der SBZ fand am 23. Juni 1948 ebenfalls eine Währungsreform statt. Im Unterschied zu den westlichen Besatzungszonen zog hier jedoch kein Wohlleben ein. Dafür hatte die sowjetische Besatzungsmacht, die die größten Kriegslasten und Zerstörungen zu tragen hatte, keine materiellen Möglichkeiten. In den ersten Wochen der Währungsumstellung konnten nicht einmal neue Banknoten ausgegeben werden, da es an Papier mangelte. Die alten Reichsmark-Noten wurden lediglich mit einem Papieraufdruck versehen, was ihnen die Bezeichnung „Klebemark" einbrachte. Erst vier Wochen nach der offiziellen „Reform", am 24. Juli, konnte dieses Provisorium aufgehoben und durch neue Geldscheine auf Qualitätspapier ersetzt werden.

„So wie wir heute arbeiten, werden wir morgen leben"

Nach den von Entbehrungen bestimmten ersten Nachkriegsjahren, in denen die „Leib- und Magenfragen" das alles bestimmende Thema waren, konnte Ende der vierziger Jahre wieder optimistischer in die Zukunft geschaut werden. Diese würde laut Walter Ulbricht „die Zeit der Erfolge" sein, was vor allem in wirtschaftlicher Hinsicht zu verstehen war.

Nachdem die Machthaber in der SBZ abgelehnt hatten, den Marshall-Plan einzuführen, suchten sie für den Osten Deutschlands ein eigenes Konzept, um die Versorgung der Bevölkerung zu verbessern und darüber den eingeschlagenen wirtschaftspolitischen Kurs zu rechtfertigen. Gleichzeitig mußten sie den Reparationsforderungen der Sowjetunion nachkommen. Vor allem mußte das Produktionsaufkommen der Wirtschaft, das gerade einmal 56 Prozent des Vorkriegsstandes erreichte, dringend erhöht werden. Unter dem Motto „Mehr produzieren, gerechter verteilen, besser leben" versuchte der II. Parteitag der SED 1947, die Menschen für eine Steigerung der Produktion und eine höhere Arbeitsleistung zu gewinnen. Flankiert wurde dieser Kurs durch den sowjetischen Befehl Nr. 234, den die Bevölkerung auch als „Essensbefehl" bezeichnete. Er zielte darauf ab, das Lohnsystem an die Arbeitsleistung zu koppeln. Das hieß im Endeffekt Entlohnung nach dem Leistungsprinzip. Wer mehr arbeitete, sollte besser verdienen. In der Praxis verfälschte die Einführung von Sondervergünstigungen je nach politischer oder wirtschaftlicher Bedeutung der jeweiligen Betriebe oder Industriezweige diese Regelung wieder.

Bereits 1947 war die Einführung der Planwirtschaft nach sowjetischem Vorbild in Angriff genommen worden. Mitte 1948 wurde ein erster Zweijahrplan aufgestellt, der bis 1950 gelten sollte. Laut diesem Plan sollte die Arbeitsproduktivität um 30 Prozent gesteigert und 80 Prozent der Produktivität des Standes von 1936 erreicht werden. Die

16

(Foto: Verband der Konsumgenossenschaft-VdK eG, Fotoarchiv)

Berlin 1949: Dieses Gedränge herrschte in Berlin, als die ersten HO-Geschäfte eröffnet wurden. (Originaltext ADN)

SED rief nach sowjetischem Vorbild die „Aktivistenbewegung" ins Leben, deren Protagonisten als Vorkämpfer das Niveau der Arbeitsproduktivität in die Höhe schrauben und dafür entsprechend besser entlohnt werden sollten. Adolf Hennecke, der im Rahmen dieser Bewegung sein Tagessoll im Steinkohlebergbau um 380 Prozent übererfüllte, wurde zur Galionsfigur dieser Bewegung. Den „Aktivisten" legte die SED mit dem Slogan „So wie wir heute arbeiten, werden wir morgen leben (und einkaufen)" auch ihre Vorstellungen über die künftige Lebensgestaltung der Bürger in den Mund. Sie propagierten Konsumverzicht und vertrösteten auf spätere, bessere Zeiten.

Den gewünschten Arbeitsleistungen mußte jedoch ein materieller Anreiz in Form von Waren entsprechen. Im November 1948 öffneten die „freien" Läden der staatlichen Handelsorganisation HO ihre Pforten. Der erste HO-Laden bot seine Waren in Berlin in der Frankfurter Allee, der späteren Stalinallee, an. Hier konnten die Bürger erstmals außerhalb des Schwarzmarktes Produkte zu festgesetzten Preisen ohne Bezugsscheine oder Karten erwerben. Bis 1958 hatte die HO das Monopol für den Verkauf bewirtschafteter Waren inne. Nur sie konnte Mangelwaren und hochwertige Nahrungsmittel, die sonst nur über Kartenzuteilungen erhältlich waren, verkaufen.

(Foto: Verband der Konsumgenossenschaft-VdK eG, Fotoarchiv)

Schaufenstergestaltung, Berlin 1951

In der offiziellen Begründung für die Einrichtung der HO-Läden hieß es, mit ihnen solle der Schwarzmarkt ausgetrocknet und der freie Markt wiederbelebt werden. Die Bevölkerung sollte hier Waren zu nur unwesentlich geringeren Preisen als auf dem Schwarzmarkt kaufen können. Die Preise sollten deshalb so hoch liegen, damit es für Schwarzhändler nicht lukrativ wäre, sich in den freien Läden mit Waren einzudecken und auf dem Schwarzmarkt weiterzuverkaufen. Gleichzeitig sollten die Läden aber auch die durch die leistungsgerechte Entlohnung in Umlauf gebrachten zusätzlichen Geldmittel, die nach Meinung der SED eine währungsgefährdende Höhe annehmen könnten, wieder abschöpfen und verhindern, daß diese staatlichen Geldmittel wiederum in die Taschen der Schwarzmarkthändler flossen. Nicht zuletzt sollte die Versorgung der Bevölkerung verbessert werden. Bei einem durchschnittlichen Monatsverdienst von etwa 300 Mark riefen die „freien" Läden mit ihren Preisen jedoch nicht nur Freude hervor. Ein halbes Pfund Butter kostete 30 Mark, ein Kilogramm Zucker 35 Mark, ein Brötchen 80 Pfennige. Ein Paar Damenstrümpfe war für 30 Mark zu haben. Zwar wurde das Warenangebot gekauft, aber oft nur in Ermangelung anderer Bezugsquellen. Und so nahm es nicht wunder, daß die Reaktionen der Menschen auf diese Läden sehr unterschiedlich ausfielen.

Die neuen Läden sollten jedoch auch den Grundstein für den Handel auf staatlicher Grundlage bilden und perspektivisch die Möglichkeit eröffnen, den privaten Handel völlig abzuschaffen. Denn wie die Wirtschaft sollte auch der Handel Volkseigentum und staatlich gelenkt sein. Ab 1952 wurden zunehmend private Geschäfte durch unzureichende Warenzuteilungen an den Rand des wirtschaftlichen Zusammenbruchs gebracht und konnten dann von der HO übernommen werden.

Der „neue Kurs"

Auf dem II. Parteitag 1950 verabschiedete die SED den Beschluß über den ersten Fünfjahrplan, mit dessen Hilfe bis 1955 die Schwerindustrie aufgebaut und eine industrielle Basis geschaffen werden sollte. Alle zur Verfügung stehenden Mittel und Kräfte sollten nun diesem Ziel untergeordnet werden. Großprojekte wie das Eisenhüttenkombinat in Stalinstadt (später umbenannt in Eisenhüttenstadt) oder der Ausbau der chemischen Werke in Buna und Leuna erhielten Vorrang und verschlangen die knappen Ressourcen. Gleichzeitig faßte die SED auch Pläne für eine weitere Verbesserung der Versorgung. Das Leben normalisierte sich weiter, auch die Rationierungen sollten bis 1953 abgeschafft werden. In den „freien Läden" sanken die Preise, die auf Lebensmittelkarten erhältlichen Waren konnten nun in der Regel tatsächlich bezogen werden.

Diese Entwicklung wurde 1952 abrupt zunichte gemacht, als die SED meinte, nun sei die Zeit gekommen, um in der DDR mit dem Aufbau des Sozialismus zu beginnen. Die Bundesrepublik integrierte sich Anfang der fünfziger Jahre in das westliche Militärbündnis, und auch die DDR begann mit dem Aufbau eigener Streitkräfte. Da die hierfür nötigen Ausgaben im laufenden Fünfjahrplan nicht vorgesehen waren, konnte die Situation nur zu Lasten der Konsumgüterproduk-

(Foto: Verband der Konsumgenossenschaft-VdK eG, Fotoarchiv)

1951: Erste schwimmende Verkaufsstelle des Konsums

tion und der Versorgung der Bevölkerung gelöst werden. Die Versorgungslage verschlechterte sich wieder: „Die Waffen für unsere bewaffneten Streitkräfte müssen die technisch besten und wirksamsten sein. Wir werden das auch ganz offen sagen. Das kostet aber Geld, – und was noch viel mehr ist: – Material. Die paar Kapitalisten können wir nicht so besteuern, daß sie das tragen können, also muß unsere Wirtschaft das tragen – unsere werktätigen Menschen."[2] Aber mit Einsparungen allerorten und ständig steigenden Steuern und Abgaben für den Mittelstand ließen sich die Aufrüstung und die Schaffung einer schwerindustriellen Basis nicht bewerkstelligen, und so strich die SED Subventionen, erhöhte die Preise und die Arbeitsnormen. Der Unmut über die täglich erlebbare Hintanstellung der Konsumbedürfnisse und die Politik der SED wuchs, sah man doch an den vollen Schaufenstern im Westen, daß es auch anders gehen konnte.

Damit nicht genug, verschärfte die SED-Führung den „Klassenkampf" auf dem Lande und versuchte, die Bauern zum „freiwilligen" Beitritt in die Landwirtschaftlichen Produktionsgenossenschaften (LPG) zu zwingen. Da viele Bauern unter diesen Umständen ihre Höfe verließen und in den Westen gingen, traten weitere Produktions- und Ertragseinbußen ein. Die angekündigte Aufhebung der Rationierungen mußte ausgesetzt werden. Tag für Tag waren in der Presse Aufrufe zu erhöhter „Wachsamkeit" und „Sparsamkeit" zu lesen. Produktionsengpässe und Planrückstände gerieten in den Ruch von Wirtschaftssabotage. Zu Beginn des Jahres

1953 befand sich die Staats- und Parteiführung in einem kaum verhüllten kalten Kriegszustand – nach außen und gegen die eigene Bevölkerung.

Obwohl die SED die brisante Versorgungslage und den wachsenden Unmut in der Bevölkerung kannte, traf sie auf der 13. Tagung des Zentralkomitees im Mai 1953 weitere folgenschwere Entscheidungen. Sozialleistungen wurden weiter abgebaut, Normen erhöht und Löhne und Gehälter de facto gesenkt. Die Sprengkraft, die eine weitere Verschlechterung der Lebensverhältnisse besaß, vermochte sie indes nicht einzuschätzen. Dies erkannte aber offensichtlich die sowjetische Führung. Anfang Juni kritisierte sie die Politik der SED und wies sie an, einen „neuen Kurs" einzuschlagen, um die politische Lage zu „gesunden": „Die sozial-wirtschaftlichen Maßnahmen, die in Verbindung damit durchgeführt werden, und zwar eine Beschleunigung der Entwicklung der schweren Industrie, die dabei auch keine gesicherten Rohstoffquellen hat, eine jähe Einschränkung der Privatinitiative, die die Interessen einer breiten Schicht der nicht großen Eigentümer in Stadt und Land beeinträchtigt, und Entzug der Lebensmittelkarten für alle Privatunternehmer und Freischaffenden, besonders eine übereilte Schaffung der landwirtschaftlichen Produktionsgenossenschaften ohne eine dafür notwendige Grundlage auf dem Dorfe haben dazu geführt, daß auf dem Gebiet der Versorgung der Bevölkerung mit Industriewaren und Nahrungsmitteln ernste Schwierigkeiten entstanden, daß der Kurs der Mark stark gefallen ist, daß eine große Anzahl der kleinen Eigentümer wie Handwerker, Gewerbetreibende usw. ruiniert sind und haben bedeutende Schichten der Bevölkerung gegen die bestehende Macht gestimmt. Es ist soweit gekommen, daß zur Zeit 500 Tausend Hektar Land verlassen und brachliegen, und die haushälterischen deutschen Bauern, die sonst stark an ihrem Landstück hängen, begannen, massenhaft ihr Land und ihre Wirtschaft zu verlassen und sich nach Westdeutschland zu begeben."[3] Die Korrekturen, die die SED daraufhin vornahm, betrafen jedoch nicht die kurz zuvor beschlossenen Normerhöhungen. Dies brachte das Faß schließlich zum Überlaufen. Am 16. Juni legten die Bauarbeiter der Stalinallee die Arbeit nieder und zogen in einem Protestmarsch durch die Straßen Ostberlins. Der Aufstand der Arbeiter, der sich auf die gesamte DDR ausbreitete, wurde durch sowjetische Panzer am 17. Juni niedergeschlagen.

Die SED hatte im Juni 1953 erleben müssen, daß den Konsum- und Versorgungsproblemen eine „systemsprengende Kraft" innewohnen konnte, wenn sie sich mit einer allgemeinen Unzufriedenheit mit den politischen Verhältnissen paarte. Sie zog daraus zweierlei Konsequenzen: Zum einen baute sie ihren Sicherheitsapparat aus, der künftige Unruhen bereits im Keim ersticken sollte. Zum anderen setzte sie den bereits vor dem Aufstand aus Moskau vorgegebenen „neuen Kurs", der sich auch in einer „Konsumwende" niederschlagen sollte, fort, um die innenpolitische Lage zu entspannen. Dessen Ziel sollte es sein, hieß es in einem SED-Dokument, „[...] in der nächsten Zeit eine ernsthafte Verbesserung der wirtschaftlichen Lage und der politischen Verhältnisse in der Deutschen Demokratischen Republik zu erreichen und auf dieser Grundlage die Lebenshaltung der Arbeiterklasse und aller Werktätigen bedeutend zu heben"[4]. Verbesserung der individuellen Konsumtion lautete die Devise nun wieder. Der seit 1950 laufende Fünfjahrplan wurde geändert, um verstärkt Konsumgüter zu produzieren und Konsummöglichkeiten zu erweitern. Als jedoch der erste Fünfjahrplan zwei Jahre später, 1955, endete, konnte die SED-Führung noch keine befriedigende Bilanz vorweisen: Der angestrebte Vorkriegsstand von 1936 war weder in der Arbeitsproduktivität noch beim Lebensstandard erreicht worden. Die erlassenen Programme und Kampagnen zur Verbesserung der Versorgung erschienen vor allem vor dem Hintergrund der Konsummöglichkeiten in den Westzonen als unzureichend.

1953–1961
Der „neue Kurs" und die „Versorgung auf Weltniveau"

Überholen ohne einzuholen

Während in der Bundesrepublik das „Wirtschaftswunder" mit Ludwig Ehrhardts Versprechen vom „Wohlstand für alle" Einzug hielt, dachte man in der DDR über neue Programme zur Verbesserung der Versorgung nach. Für den zweiten Fünfjahrplan (1956–1960) wurde eine neue Direktive beschlossen. Diese setzte auf die Modernisierung von Wirtschaft und Gesellschaft durch die „wissenschaftlich-technische Revolution". Wiederum versprach die SED Verbesserungen in der Versorgung und beim Lebensstandard. Die Konsumgüterproduktion sollte bis 1960 um 40 Prozent steigen und eine Vielzahl hochwertiger Konsumgüter in den Handel kommen.

Die Bürger der DDR sollten nun täglich erleben, daß sie im besseren Teil Deutschlands lebten, und aus ihren Alltagserfahrungen ihr Vertrauen in die Richtigkeit der Politik von Partei und Regierung mehren. Die dem sozialistischen System zugeschriebenen Vorzüge sollten durch spürbare Verbesserungen in der Versorgung und im täglichen Leben für jeden sichtbar gemacht werden. Keine Ware des täglichen Bedarfs war zu nichtig, um nicht zum Thema auf den Sitzungen von Zentralkomitee und Politbüro zu werden. Mal war es der fehlende Würfelzucker, mal Frauenkleidung in Übergrößen, mal Kinderstrümpfe, mal Butter oder Wurst. Die regelmäßig auf den Sitzungen des Politbüros des

(Foto: Verband der Konsumgenossenschaft-VdK eG, Fotoarchiv)
Verkaufsmesse 1956 in Mücheln. Einer Interessentin wird die Bedienung der elektrischen Backform erläutert

ZK der SED beschlossenen „Maßnahmen zur Verbesserung der Versorgung" wurden einerseits als gute Möglichkeiten gesehen, der Bevölkerung die Stabilisierung der Versorgung – sei es durch außerplanmäßige Auslagerungen aus der Staatsreserve, Streichung von Exporten in die Sowjetunion oder regionale Umverteilungen – vorzuführen. Andererseits war zehn Jahre nach der DDR-Gründung für die Bevölkerung die Konsolidierung der DDR-Wirtschaft tatsächlich spürbar. Der Ausbau der Konsumgüterindustrie zeitigte erste Erfolge. Die Versorgung mit Lebensmitteln war stabil. Der Lebensstandard der Bevölkerung stieg. Im Juni 1958 konnte für die letzten Waren die Rationierung abgeschafft werden. Das halbe Pfund Butter kostete nun nur noch 2,50 Mark, eine Bockwurst 80 Pfennig und ein Brötchen 5 Pfennige – Preise, die sich bis zum Ende der DDR nicht mehr ändern sollten und von der SED als große soziale Errungenschaften gefeiert und nicht angetastet wurden.

Im Überschwang der durchaus positiven Entwicklung Ende der fünfziger Jahre verlor die SED-Führung jedoch den Bezug zur Realität. 1958 beschloß der V. Parteitag, daß es an der Zeit sei, nun den sozialistischen Aufbau zu vollenden. Dessen Kernstück sollte die ökonomische Hauptaufgabe sein, mit der „die Überlegenheit der sozialistischen Gesellschaftsordnung der Deutschen Demokratischen Republik gegenüber der Herrschaft der imperialistischen Kräfte im Bonner Staat eindeutig bewiesen wird und infolgedessen der Pro-Kopf-Verbrauch unserer Bevölkerung in den wichtigsten Lebensmitteln und Konsumgütern den Pro-Kopf-Verbrauch der Bevölkerung in Westdeutschland erreicht und übertrifft."[5]

Der 1956 angelaufene Fünfjahrplan wurde 1959 durch den „Siebenjahrplan des Friedens, des Wohlstands und des Glücks" ersetzt, der die „ökonomische Hauptaufgabe" bestätigte und eine komplexe und reichhaltige Versorgung der Bevölkerung in Stadt und Land „auf Weltniveau" bis 1961 verhieß. Laut Walter Ulbricht wollte man so „... die Überlegenheit des Sozialismus beweisen (...) nicht mit irgendwelchen Gebrauchsgütern, mit Schund, mit Überplanbeständen, sondern mit Waren, die hohen Gebrauchswert besitzen, die schön und geschmackvoll sind, die der arbeitende Mensch mit Freude kauft und benutzt."[6] Bis 1961 sollte die Bundesrepublik im Pro-Kopf-Verbrauch an allen wichtigen Grundnahrungsmitteln, vor allem Fleisch und Butter, sowie bei der Ausstattung an ausgewählten Haushaltgegenständen wie Kühlschränken, Waschmaschinen und Fernsehgeräten übertroffen werden. Das schien zum damaligen Zeitpunkt durchaus realistisch. Denn in der Ausstattung der Haushalte mit „hochwertigen Gütern" klaffte – zumindest statistisch – noch keine unüberwindliche Kluft. „Überholen und einholen" hieß der dazugehörige Slogan, der später in „Überholen ohne einzuholen" abgewandelt wurde. Mit dem „Prinzip der materiellen Interessiertheit" versuchte die SED eine auf Befriedigung der Konsumbedürfnisse gerichtete Entwicklung anzustoßen, indem sie den Werktätigen bei hoher Arbeitsleistung hohe Löhne und verbesserte Konsummöglichkeiten verhieß.

Während man sich seit Mitte der fünfziger Jahre auf die „hochwertigen Konsumgüter" konzentriert hatte, stellten Handel und Käufer nun fest, daß darüber die „tausend kleinen Dinge" in Vergessenheit geraten waren. Es fehlte im ganzen Land an Dosenöffnern, Klammern, Schuhanziehern, Eierbechern und ähnlichem. Und so wurde 1958 das

(Foto: Verband der Konsumgenossenschaft-VdK eG, Fotoarchiv)
1000 kleine Dinge

„Programm der 1.000 kleinen Dinge (des täglichen Bedarfs)" ausgerufen. Im Rahmen dieses Produktionsprogramms wurden alle Industriebetriebe verpflichtet, Konsumgüter herstellen. Im Funkwerk Köpenick sollten elektrische Kaffeemühlen, bei Bergmann-Borsig Trockenrasierapparate, im Elektro-Apparate-Werk (EAW) Treptow Bodenstaubsauger und im Kabelwerk Heizkissen sowie beim VEB Apparatebau Bratpfannen produziert werden. Flankiert wurde dieses Programm zur Herstellung der Dinge des täglichen Bedarfs durch das 1959 ausgerufene „Chemieprogramm", das „Wohlstand, Schönheit, Glück" verhieß und die volkswirtschaftlich breite Nutzung von Kunststoffen beschloß. Unter dem Motto „plaste ... das Wunder der Chemie" präsentierten Werbeschauen eine Vielzahl von Haushaltgegenständen aus den Kunststoffen Polystyrol, Meladur und Plast, die alsbald im Volksmund unter der Oberbezeichnung „Plaste" firmierten. „Welche Hausfrau hat die Vorzüge dieses praktischen Materials noch nicht erkannt? Es ist geruch- und geschmackfrei, hygienisch, leicht und bruchfest, formschön und farbenfreudig. Plaste ist für Ihren Haushalt kein Ersatz, sondern ein unentbehrlicher vollwertiger Rohstoff".[7] Und tatsächlich erkannten die Menschen bald die Vorzüge der neuen Materialien.

Das Arrangement vieler Menschen mit dem Staat gegen Ende der fünfziger Jahre als Zustimmung deutend – die Flüchtlingszahlen sanken 1959 mit 143.917 auf den tiefsten Stand seit 1949 –, glaubte die Parteiführung, nun die letzten Reste der „kapitalistischen Basis" in der DDR beseitigen zu können und so wie es der V. Parteitag gefordert hatte, die sozialistische Umgestaltung abschließen zu können. Damit würde sich, so hoffte die SED, der marxistischen Theorie von Basis und Überbau gemäß, die sozialistische Idee endlich auch im „Überbau", also im Denken und Handeln der Bevölkerung, durchsetzen. Sie sah nun die Zeit gekommen, die sozialistische Umgestaltung von Landwirtschaft und privatem Handwerk vollenden zu können. Der privaten Wirtschaft, dem Handwerk und Handel wurden rigoros die Existenzmöglichkeiten beschnitten, ohne daß der staatliche Handel und die Industrie in der Lage gewesen wären, deren Platz einzunehmen. Zwischen Privathändlern und Produzenten existierten langfristige Stammverbindungen, in die der staatliche Handel aufgrund seiner bürokratischen Strukturen und der durch die Planvorgaben beförderten Schwerfälligkeit kaum einzudringen vermochte. Eine neue Wirtschaftskrise bahnte sich an. Und so erklärte man paradoxerweise die noch bestehenden 250.000 privaten Handwerks- und Industriebetriebe und Geschäfte zu den Verursachern der Krise und machte die Opfer zu Schuldigen.

Die „richtige Lenkung des Warenstroms"

Politisch motivierte Eingriffe in die Wirtschaftspläne, fehlende Rohstoffe, Halbfertigprodukte und Materialien führten immer wieder zu Produktionsstillständen und verschärften die Situation weiter. Aber nicht nur Produktionsprobleme spielten eine Rolle. Auch das Handels- und Verkaufsstellensystem wies grundlegende Mängel auf und bedurfte dringend einer Neuorganisation. Einerseits reichte die Zahl der Verkaufsstellen in Stadt und Land nicht für die Versorgung der Bevölkerung aus. Andererseits machten sich der staatliche, der konsumgenossenschaftliche und der private Handel die Waren, die nicht für eine flächendeckend gleichmäßige Verteilung reichten, gegenseitig streitig: „Natürlich gibt es noch einige Waren, die wir Ihnen nicht jeden Tag anbieten können, das sind die berüchtigten ‚Mangelwaren', deren Zahl wir aber schon ganz schön beschränkt haben. Das vorhandene Angebot wird aber auf die Vielzahl der Verkaufsstellen zersplittert und dadurch zerkleinert, weil diese Waren überall in den Mindestsortimentslisten stehen", hieß es zum Beispiel in einer 1959 veröffentlichten „Werbeschrift für den sozialistischen Handel".[8]

Die Beschwerden und Eingaben über die mangelnde Versorgung mit Butter, Fleisch, Gemüse, Obst, Kosmetikartikeln, Ersatzteilen, Metallwaren, Geschirr, Tapeten, Werkzeugen, Kinderbekleidung, sowie sonstigen Industriewaren wie Autos, Kühlschränken, Fernsehgeräten, Waschmaschinen, Fahrrädern rissen nicht ab. Engpässe in der Versorgung gehörten zur Tagesordnung. Die Schwierigkeiten, die Waren nachfragegerecht zu verteilen, führten in einigen Gebieten zeitweilig zu Überangeboten an Waren, die andernorts gänzlich fehlten. Ein 1959 veröffentlichter Erlebnisbericht schilderte die Einkaufsmisere anschaulich: „Ich habe mich schon manchmal darüber gewundert, daß ich in so vielen Verkaufsstellen schon fast instinktiv mit der Frage beginne: ‚Haben Sie dies ..., haben Sie jenes?' Im Grunde genommen ist es doch eine Selbstverständlichkeit, daß ich zum Beispiel in einer Spezialverkaufsstelle der HO oder des Konsums Sommerschuhe in guter Auswahl angeboten bekomme. (...) Haben wir uns denn schon so daran gewöhnt, daß wir bestimmte Waren nicht immer in den bekannten Verkaufsstellen vorfinden, sondern nur zeitweise? Die HO und der Konsum haben sich doch schon in vieler Hinsicht zum Besseren verändert. Aber wenn wir heute noch immer beim Einkauf mit einer solch skeptischen Frage beginnen, dann ist doch irgend etwas faul, dann kommen doch die zweifellos vorhandenen Waren nicht auf dem richtigen Weg an den Kunden."[9]

Die verantwortlichen Mitarbeiter des Handels waren sich durchaus bewußt, daß die Beseitigung der Mängel in Ökonomie und Handelssystem eine generelle Lösung erforderte, die längere Zeit in Anspruch nehmen würde. Für die gravierendsten Versorgungsprobleme mußte jedoch eine kurzfristige

Lösung gefunden werden. Man hatte schon frühzeitig erkannt, daß die Neuordnung des Handels in der DDR auf staatlicher Grundlage mit der „richtigen Lenkung des Warenstroms" und der Ermittlung des tatsächlichen Bedarfs der Bevölkerung an Waren stand und fiel. Da man aus Marktbeobachtungen den Eindruck gewonnen hatte, daß die Waren im Prinzip in ausreichender Menge produziert werden könnten und nur besser verteilt werden müßten, erhofften sich die Verantwortlichen einen Ausweg in der punktgenauen Verteilung.

Und so begannen Ökonomen am Fachinstitut für den Binnenhandel „sozialistische Handelsforschung" zu betreiben, um Licht in das Dunkel des Kaufverhaltens der „sozialistischen Konsumenten" zu bringen. Der Bedarf an Grundnahrungsmitteln konnte zumindest ansatzweise über den Pro-Kopf-Verbrauch ermittelt werden. Doch bereits bei Genußmitteln, Alkoholika, Rauchwaren, Tee und Kaffee waren die Planer mit ihrem Latein am Ende. Wie sollte in einer Gesellschaft, in der seit Jahren der Mangel verwaltet und verteilt wurde, ein realer Bedarf ermittelt werden? Noch schwieriger war es bei Textilien, die zusätzlich von Moden beeinflußt wurden. Kaum zu planen war auch die Nachfrage nach langlebigen und hochwertigen Konsumgütern wie Kühlschränken, Fernsehern und Waschmaschinen, da kaum Erkenntnisse über die Kaufkraft, Bedarfshierarchien und Wohnverhältnisse vorlagen.

Aus diesem Grunde wurde 1961 in Leipzig das „Institut für Bedarfsforschung" – ab 1966 'Institut für Marktforschung' – ins Leben gerufen, das bis 1990 die Konsumbefürchtungen und -erwartungen der DDR-Bürger untersuchte. In den ersten Jahren lautete die Aufgabe, mit Hilfe der Bedarfsforschung den Handel darin zu unterstützen, „die Warenproduktion mit den Bedürfnissen in Übereinstimmung zu bringen."[10] So forderten die am 10. März 1961 vom Politbüro der SED beschlossenen „Maßnahmen zur Störfreimachung unserer Wirtschaft", sich anbahnende Versorgungsmängel rechtzeitig zu erkennen, auf sie hinzuweisen sowie Richtlinien und Konzeptionen für ihre Vermeidung zu erstellen. Bereits kurze Zeit später wurde die Aufgabe geändert. Nun ging es darum, den Bedarf mit der Produktion in Übereinstimmung zu bringen. Dies bedeutete nichts weniger, als den Käufer dazu zu bewegen, die Waren nach Verfügbarkeit und nicht nach Notwendigkeit zu kaufen.

„Alles für das Land"

Die Sicherung der Grundversorgung der gesamten Bevölkerung blieb oberstes Gebot. Denn schließlich war die SED mit dem Anspruch angetreten, die Interessen des gesamten werktätigen Volkes, insbesondere der Arbeiter und Bauern, zu vertreten. Neben den Arbeitern in Industriezentren sollte vor allem die Bevölkerung auf dem Land in den Genuß von Erleichterungen kommen. Mit dem Programm „Alles für das Land" sollte hier eine ebenso gute Versorgung wie in den Schwerpunktversorgungseinrichtungen und den Städten geschaffen werden. Damit hoffte die Partei, das in der Propaganda stetig beschworene „politische Bündnis aller Werktätigen" durch das „Handelsbündnis zwischen Stadt und Land" sinnfällig zu unterstreichen. „Die Stadt hilft dem Land" wurde in den fünfziger Jahren zum propagandistischen Leitbild des vermeintlich solidarischen Zusammenlebens aller Bevölkerungsschichten. Dies tat not, da auf dem Lande ein Großteil der etwa drei Millionen aus dem Osten in die SBZ Geflüchteten und Vertriebenen angesiedelt worden war. Seit die DDR im Frühjahr 1950 den Vertrag über die deutsche Ostgrenze an Oder und Neiße anerkannt hatte, fühlten sich viele Vertriebene, die bis dahin noch auf eine Rückkehr in ihre alte Heimat gehofft hatten, verraten. Außerdem widersetzten sich die Bauern den seit 1952 verstärkten Kollektivierungsbemühungen. Hier hatte es zwar noch keinen Aufstand gegeben, aber von der Abwanderungsbewegung nach Westen kündete die steigende Zahl an verlassenen Höfen.

„Der Bauer muß bequemer kaufen können", forderte die „Neue Zeit" vom 15. November 1958 und beschrieb die schlechte Einkaufssituation für Landbewohner. „Die Genossenschaftsbäuerin, der Landarbeiter – viele Menschen auf dem Lande müssen heute noch oft in die nächste Kreisstadt fahren, um diese oder jene Artikel einzukaufen." Landbewohner müßten im Durchschnitt allein 30 Minuten Wegezeit einplanen, um zum nächstgelegenen Geschäft zu kommen. Hinzu kämen weitere 50 Minuten, die weniger durch das Einkaufen selbst als durch das vergebliche Laufen von Geschäft zu Geschäft entstanden. Auf 10 bis 20 Minuten sollte die effektive Einkaufszeit verkürzt werden. Durch eine verbesserte Versorgung hoffte man, auch hier die Gemüter beruhigen zu können und die Landbevölkerung mehrheitlich in das „Bündnis aller Werktätigen" zu binden.

Um eine „komplexe Landversorgung", die dem Angebot in den Städten gleichen sollte, zu schaffen, sah der Plan vor, bis 1965 überall auf dem Lande sogenannte „Großraumlandverkaufstellen" zu errichten. Diese als moderne Dienstleistungszentren angelegten Großprojekte sollten der Landbevölkerung neben einem umfangreichen Warenangebot auch Wäschereien, Reinigungen, verschiedene Reparaturangebote sowie Serviceeinrichtungen wie Friseur und Kosmetik bieten. So wünschenswert diese Einrichtungen für die Versorgung der Landbevölkerung auch waren, wenige Jahre später zeigte sich, daß sie politisch zwar gewollt und unterstützt, aber nicht in dem angestrebten Maße zu realisieren waren. Bei den auf höchster politischer Ebene erfolgten Planungen hatte man sich um solche Kleinigkeiten wie Baukapazitäten, Maschinen oder Waren wenig Gedanken gemacht. Darum sollten sich die verantwortlichen Mitarbeiter beim Ministerium für Handel und Versorgung kümmern. Diese aber stellten fest, daß es sowohl an der für die Errichtung der Projekte notwendigen Baukapazität – das betraf sowohl die Materialien und Maschinen als auch die Arbeitskräfte – als beispielsweise auch an den notwendigen Waschgeräten für den Dienstleistungsbetrieb und den Waren zur späteren Ausstattung der Projekte fehlte. Bei der Bereitstellung der Baukapazitäten behalf man sich, indem Arbeitskräfte, Maschinen und Material von anderen Baustellen der DDR abgezogen wurden, wo sie zwangsläufig fehlten und den Bauabschluß verzögerten. Aber kurze Zeit später ereilte die Versorgungsprojekte das gleiche Schicksal; die Bauarbeiter wurden beim Bau der 1958 beschlossenen „Rinderoffenställe" dringender gebraucht und erneut abgezogen. Die Fertigstellung erreichten nur drei Pilotprojekte in Mockrehna, Siedenbollentin und Manschnow.

Schon die Ausstattung der wenigen Vorzeigeobjekte bereitete Schwierigkeiten. Für sie

(Foto: Verband der Konsumgenossenschaft-VdK eG, Fotoarchiv)
Abholung bestellter Lebensmittel auf dem Land.

sollten Maschinen aus der BRD, die den angestrebten „Weltstand" darstellten, importiert werden. Dies scheiterte am Devisenmangel. Ein Importversuch aus der CSSR war nicht von Erfolg gekrönt, weil die Waschautomaten nicht im Plan vorgesehen waren. Um beispielsweise Siedenbollentin auszustatten, wurden die Maschinen aus einer anderen Region in der DDR umgeleitet und fehlten nun wiederum dort.

Auch bei der Versorgung der Objekte mit Waren zeigten sich bereits in der Phase der Konzipierung Schwierigkeiten. Wegen der bekanntermaßen dünnen Warendecke war beschlossen worden, die Sortimente in den bereits bestehenden Landgeschäften nur mit einer begrenzten Anzahl Artikel und in begrenzter Auswahl auszustatten. Dazu hieß es in einem Bericht zum Standort Siedenbollentin: „Auf Grund eigener als auch internationaler Erfahrungen ist bekannt, daß dieses Einzugsgebiet nicht ausreicht, um ständig ein volles Konfektionssortiment anzubieten. (...) Wir benötigen etwa 300 Quadratmeter Fläche (mindestens) zusätzlich oder aber könnten nur ein unvollkommenes – weder in der Breite noch in der Tiefe – den Bedarfswünschen der Bevölkerung entsprechendes Sortiment anbieten. Das aber wäre politisch unter dem Gesichtspunkt der Beweisführung unserer Überlegenheit gegenüber dem Westzonenstaat falsch."[11] Später, so hoffte man, würde man die fehlenden Sortimente in das Vollsortiment aufnehmen können. Die Hoffnung, diese Großprojekte eines Tages flächendeckend auf dem Land errichten zu können, blieb jedoch unerfüllt. Außer den wenigen Beispielobjekten gelangte kein weiterer Bau zur Fertigstellung.

„Moderne Menschen kaufen modern"

Zu den Ende der fünfziger geschmiedeten Plänen zur Verbesserung der Versorgung gehörten weitere moderne Einkaufs- und Handelsformen. „Moderne Menschen kaufen modern" – und sozialistisch – lautete der hierfür kreiierte Slogan. Die Kunden mußten dabei auf eine völlig neue Einkaufswelt vorbereitet werden. Die zugehörigen Stichworte hießen Selbstbedienung, Einführung neuer Sortimente, Standardisierung und Rationalisierung. Dahinter verbarg sich in der Regel der Versuch, das Wenige besser zu verteilen. Bemühungen, deren Begleiterscheinungen keineswegs immer verbraucherfreundlich waren. Hinter Rationalisierun-

(Foto: Verband der Konsumgenossenschaft-VdK eG, Fotoarchiv)

gen auf der Produktionsseite verbargen sich zumeist Sortimentsbereinigungen, die zu einer abnehmenden Vielfalt im Warenangebot führten. Die zunehmende Gleichförmigkeit, die mit dem „bereinigten" Warenangebot einherging, wurde mit dem Hinweis schöngeredet, daß sich der Käufer dadurch eine bessere Übersicht verschaffen könne.

Die Suche nach Wegen, um den Forderungen nach einer modernen Ansprüchen genügenden Versorgung für ausgewählte Zielgruppen nachzukommen und die gespannte Versorgungslage nicht noch weiter zu belasten und zugleich die Mängel im bestehenden Handelssystem zu kompensieren, ging weiter. Die Wirtschaftsplaner der DDR hatten sich bereits 1954 des Versandhandels erinnert, der zu Beginn der zwanziger Jahre in Deutschland Fuß gefaßt hatte und der mit dem Krieg zum Erliegen gekommen war. Mit ihm sollten nun vom Verkaufsstellennetz weitgehend unabhängig Waren gezielt verteilt werden, bis überall im Land die modernen Versorgungsprojekte realisiert sein würden. Er sollte die bestehenden Verkaufsstellen und den ambulanten Konsumlandhandel mit dort nicht vertretenen Sortimenten ergänzen.[12] Darüber hinaus erhoffte man sich, über diese Versandform die für den Ausbau des Handelsnetzes so dringend benötigten Informationen über Markt- und Konsumverhalten zu erhalten. Denn die Käufer würden im Unterschied zu ihrem sonstigen Einkaufsverhalten, wo sie oft in mehren Geschäften nach einer Ware fragten, schließlich aber nur in einem Geschäft kauften, beim Versandhandel die Waren tatsächlich nur in der gewünschten Menge bestellen. Laut Ankündigung im Gesetzblatt Nr. 72 des Jahres 1954, in dem der entsprechende Beschluß des Ministerrats veröffentlicht wurde, sollten die Konsumgenossenschaften, die mit ihren Verkaufsstellen – kurz „Konsum" genannt – vorrangig für die Versorgung der Landbevölkerung zuständig waren, den Versandhandel einrichten: Dafür waren im Zuge der Aktion „Bereinigung des Verkaufsstellennetzes" zwischen der HO und dem Konsum Läden getauscht worden, um einheitliche Handelsgebiete zu schaffen. Das hieß, der Konsum gab Verkaufsstellen in Kreis- und Großstädten auf, um dafür HO-Läden auf dem Land übernehmen. Zusätzlich sollte er auf dem Land neue Läden einrichten, die gemeinsam mit den Landgroßprojekten den Versandhandel schließlich wieder überflüssig machen sollten. Zwischen 1945 und 1963 entstanden so in Orten, die bisher keine Einkaufsmöglichkeiten hatten, 960 Geschäfte und 240 Landwarenhäuser.

(Foto: Stadtarchiv Erfurt)

SIE WÄHLEN AUS...
wir senden ins Haus
HO
WARENHAUS
JEDER EINKAUF EINE BESONDERE FREUDE
Einkaufen ohne Zeitverlust
durch unsere
VERSANDABTEILUNG

(Foto: Verband der Konsumgenossenschaft-VdK eG, Fotoarchiv)

Kurze Zeit später änderten die Verantwortlichen beim Ministerrat ihre Meinung. Nunmehr sollte die staatliche HO den Versandhandel betreiben. Eine offizielle Erklärung für diesen Wechsel gab es nicht.

Die staatlichen Läden wurden seit ihrer Gründung bevorzugt mit Waren versorgt, um der Bevölkerung im täglichen Leben sichtbar das Bemühen der SED um das Wohl des Volkes vor Augen zu führen. Auch der mit großen politischen Hoffnungen versehene und mit Waren bevorzugt versorgte Versandhandel sollte diese Botschaft vermitteln. Der offiziellen Eröffnung des Versandhandels im Jahre 1956 ging eine zweijährige regionale Testphase in Kaufhäusern in den Bezirken Erfurt und Suhl, zwei vor allem ländlich strukturierte Bezirke, voraus. Zusätzlich machten „Sonderverkaufsveranstaltungen" in Dörfern ohne Einkaufsmöglichkeiten die Kunden auf die neue Einkaufsform aufmerksam. Dabei sollte ermittelt werden, in welchen Dimensionen der Versandhandel bedarfsdeckend aufgezogen werden und welche Sortimente er bereitstellen müßte. Auch sollte festgestellt werden, wie die Kunden die neue Einkaufsform annehmen würden. Das Mißtrauen gegenüber dem „blinden" Kauf sollte abgebaut werden. Die Bevölkerung nutzte die Bestell- und Versandangebote rege, und so stand der republikweiten Einführung anläßlich des 1. Mai 1956 nichts mehr im Wege. Ende der fünfziger Jahre stimmte auch der Versandhandel in der DDR in den politisch vorgegebenen Optimismus ein und titelte in seinem Katalog: „Ich bin stolz darauf, der Katalog eines sozialistischen Versandhauses zu sein. Auf meinen Seiten wird jetzt schon überzeugend sichtbar: Die Arbeiter in der Industrie und die Werktätigen in der Landwirtschaft schaffen es! Bis 1961 wird Westdeutschland im Pro-Kopf-Verbrauch an Lebensmitteln und den wichtigsten Konsumgütern überholt."[13] Allerdings war man sich zu diesem Zeipunkt schon durchaus bewußt, daß die Realität anders aussah.

Die Handelskonferenz der SED mußte 1959 feststellen: „Der gegenwärtige Stand der Dienstleistungen entspricht nicht den Erfordernissen unserer Werktätigen. Das bezieht sich vor allem auf die Montage und Reparatur von Rundfunk- und Fernseheinrichtungen, auf das Waschen der Wäsche u. a. Solange das Ändern und Reinigen von Kleidungsstücken, das Nähen und Anbringen von Gardinen, Reparaturen von Strümpfen noch vier Wochen und länger dauert, sind die Frauen gezwungen, selbst zur Nadel zu greifen, sich an das Waschbrett zu stellen und wertvolle Zeit zur Verrichtung dieser Arbeiten aufzuwenden."14 Resigniert kam man kurze Zeit später zu dem Schluß: „Viele bzw. die meisten Verkäufe kommen nur dadurch zustande, weil die Kundschaft resigniert; sie kauft, weil sie nicht daran glaubt, doch zu der Ware zu kommen, die sie tatsächlich haben möchte."15

Trotz der Versuche, die Bevölkerung zum sparsamen Kaufen zu erziehen und die Mangelwaren punktgenau zu verteilen, hatte sich die Versorgungslage nicht nachhaltig gebessert. Wegen der unzureichenden wirtschaftlichen Basis, die durch wirtschaftspolitische Fehlentscheidungen wie die Vernichtung des privaten Handwerks, die krampfhafte Einholjagd mit der Bundesrepublik, den Bau der „Rinder-offen-Ställe" oder die „Wurst-am-Stengel" Kampagnen der fünfziger Jahre weiter verschärft wurden, konnte keine langfristig wirkende Versorgungsstrategie etabliert werden. Neue Versorgungsschwierigkeiten bei Butter und Fleisch, den Prestigelebensmitteln, die die Überlegenheit über die Bundesrepublik beweisen sollten, traten auf. Die Bevölkerung forderte, wieder „Kontrollabschnitte" einzuführen, um Hamsterkäufe zu unterbinden. 1961 war die Situation schließlich wieder so angespannt, daß sich selbst Walter Ulbricht zu mahnenden Worten veranlaßt sah und seinen eifrigen Genossen befahl, das Tempo der Umgestaltung zu drosseln, denn: „Die paar privaten Geschäftsleute, die da noch sitzen, die gefährden den Sozialismus nicht, und die paar Fleischermeister, die ihr noch habt, die gefährden den Sozialismus auch nicht. Und dann macht ihr einfach eine ganze Anzahl von Bäckerläden wieder auf, und sollen sie selber backen. Aber sorgt dafür, daß die Bevölkerung Brot kriegt."16

So einfach, wie sich Walter Ulbircht die Lösung der 1961 festgefahrenen innenpolitschen Lage vorstellte, war es jedoch nicht. Immer mehr Menschen entschlossen sich zum letzten Schritt und überquerten die noch durchlässigen Landesgrenzen gen Westen, um hier ihr Glück zu suchen. Am 13. August 1961 schließlich griff die DDR-Führung zum letzten ihr noch zur Verfügung stehenden Mittel. Sie riegelte die Grenze zu Westberlin ab und begann mit der Errichtung des „antifaschistischen Schutzwalls". Dieser sollte laut Propaganda die drohenden Angriffe der westdeutschen Imperialisten abhalten. Vor allem sollte er aber die eigene Bevölkerung von einer Flucht in den Westen abhalten und in Ermangelung anderer Alternativen deren Loylität zur DDR erzwingen.

Die „guten sechziger Jahre" – Konsolidierung im Schatten der Mauer

Nach der Schließung der Grenze zu Westberlin im August 1961 setzte sich in der SED-Führung die Auffassung durch, daß die Zeit gekommen sei, die ausweglosen Bürger nun mit der ganzen Härte der staatlichen Gewalt auf ihren Kurs bringen zu können. Nur wenige Monate später jedoch ordnete Walter Ulbricht einen „weichen" Kurs an. Er versprach den Menschen, nun würde in der DDR ohne Störungen durch den imperialistischen Klassenfeind der Sozialismus in Ruhe und Frieden aufgebaut werden. Sie würden von jetzt an täglich spüren können, daß sie im besseren Teil Deutschlands lebten. Die Enteignung der noch verbliebenen privaten Betriebe in Industrie und Bauwirtschaft wurde gestoppt, da diese wesentlich zur Produktion von Konsumgütern und Dienstleistungen beitrugen. Die Wirtschaft der DDR sollte durch das Neue Ökonomische System der Planung und Leitung auf einen modernen Stand gebracht werden. In Politik und Ideologie, in Kultur und Kunst zogen liberale Zeiten ein.

Frauen in die Produktion

Um alle ökonomischen Reserven für den Aufbau einer modernen Industrie zu mobilisieren, hatte die SED bereits in den fünfziger Jahren begonnen, die Arbeitskraft von Frauen in ihre Überlegungen einzubeziehen. Zu Beginn der sechziger Jahre startete die SED eine neue Offensive. Im Dezember 1961 veröffentlichte die SED ein Kommuniqué mit dem Titel „Die Frauen – der Frieden und der Sozialismus". Erst die „Mitarbeit am Aufbau des Sozialismus" würde ein sinnvolles Leben der modernen Frau ermöglichen und darüber hinaus auch die bisher fehlenden Waren in die Geschäfte bringen. „Bessere Qualitäten – größere Angebote im Handel durch die Mitarbeit der Frau in der Produktion", verhieß ein Slogan.

Die Verwerfungen in der Bevölkerungsstruktur der DDR waren nicht nur kriegsbedingt. Zwar hatten zu Kriegsende immer mehr Frauen die Arbeitsplätze der an die Front verschickten Männer eingenommen und hielten das Wirtschaftsleben auch nach dem Kriege weitgehend in Schwung. Aber als die Männer aus der Kriegsgefangenschaft zurückkehrten, sollten sie die Posten wieder räumen.

In der DDR blieb das Arbeitskräfteproblem trotz der Rückkehr der Männer aus Krieg und Gefangenschaft bestehen. Hier schlug die millionenfache Abwanderung vieler junger, arbeitsfähiger Menschen in die Bundesrepublik negativ zu Buche. Der Mangel an Arbeitskräften sollte durch Hausfrauen ausgeglichen werden. Um ihnen den Einstieg in die Berufstätigkeit zu erleichtern, hatte man bereits in den fünfziger Jahren zahlreiche Programme aufgelegt. Einerseits sollte Hausarbeit durch die Nutzung von Dienstleistungseinrichtungen erleichtert werden, andererseits fanden vor allem Frauen, die für den Arbeitsprozeß gewonnen wurden, hier ihr Betätigungsfeld. Sie übernahmen nun Arbeiten, die sie bis dahin als Hausarbeit für ihre Familien erledigt hatten, gegen Bezahlung für andere Haushalte. Auch die Werbung für Produkte aller Art sollte suggerieren, daß die Frauen ihre Hausarbeit in kürzerer Zeit absolvieren, also gut und gern berufstätig werden könnten. Textilien wurden nicht nur als geschmack-

(Foto: Verband der Konsumgenossenschaft-VdK eG, Fotoarchiv)

voll, sondern auch strapazierfähig und garantiert knitter- und bügelfrei beschrieben. In der Funktionsbeschreibung für Geräte wie Waschmaschinen, Nähmaschinen, Schnellkochtöpfe, Kaffeemaschinen („16 Tassen in nur 8 Minuten") standen Zeit- und Arbeitsersparnis im Mittelpunkt. Auch Schnellkochgerichte, Gefriergemüse, Fertiggerichte und Dauerbackwaren würden mit den verschiedenen Möglichkeiten, die für den Einkauf aufgewendete Zeit zu verringern, zu einer spürbaren Entlastung führen. Diese Botschaften richteten sich nicht nur an die Frauen. Den Männern sollte vor Augen geführt werden, daß die Berufstätigkeit der Frau (oder ihrer Ehefrauen) für sie keine Einbuße an häuslicher Bequemlichkeit bedeuten würde. Der Mann sollte die bügelfreien Hemden tragen können, ihm sollte das im Schnellkochtopf veredelte Essen oder mit der Multifunktionsküchenmaschine zubereitete Mahl schmekken. Er mußte auch keine Beteiligung an der Hausarbeit fürchten, denn seine Frau hatte ja nun technische Helfer, die ihr die Hausarbeit erleichterten und diese quasi zum Vergnügen machte. Für beide, Mann und Frau, sollte sich ein neues Lebens- und Arbeitsgefühl herausbilden, das seinen Dreh- und Angelpunkt im Zugewinn an freier Zeit haben würde. Auch Jugendzeitschriften nahmen sich dieser Problematik an. Die Comic-Zeitschrift „Mosaik" widmete bspw. dem Mitte der fünfziger Jahre in einer großangelegten Werbeaktion vorgestellten Schnellkochtopf ein ganzes Heft und erläuterte die physikalischen Hintergründe seiner

Wirkungsweise. Hatte die Hausfrau erst diesen Topf im Haus, war es bis zu ihrer Erwerbstätigkeit nicht mehr weit, lautete die Botschaft. Denn laut offizieller Propaganda sparte man bei der Zubereitung der Speisen so viel Zeit, daß diese sinnvoll für die Berufstätigkeit genutzt werden könne.

Dienstleistungen und Modernisierung der Haushalte

Um Frauen tatsächlich dauerhaft für den Produktionsprozeß zu rekrutieren und ihnen die versprochenen Erleichterungen zu gewähren, mußte zumindest ein Teil der Hausarbeit in den öffentlichen Sektor verlagert werden. Der Ausbau der Versorgung der Bevölkerung mit Dienstleistungen in den fünfziger Jahren entsprach dem Idealbild einer modernen Industriegesellschaft, das sich die DDR gesetzt hatte. Aber auch hier galt wieder wie schon auf anderen Gebieten, daß die Pläne zwar gut ausgedacht, aber innerhalb der bestehenden ökonomischen Möglichkeiten kaum umzusetzen waren. Der Einkauf per morgendlicher Bestellung und abendlicher Lieferung überforderte die Läden. Auch das schwankende Angebot erschwerte die Bestellkäufe. Die versprochene Übernahme aller mit Textilreinigung und Wäsche verbundenen Arbeiten in den öffentlichen Sektor scheiterte an den fehlenden Maschinen und Bauten. Lediglich Berlin, die Bezirksstädte und ausgewählte Land- und Industriezentren konnten ihren Bürgern

Vorführung von Haushaltsgeräten.

(Foto: Verband der Konsumgenossenschaft-VdK eG, Fotoarchiv)

solche Erleichterungen tatsächlich bieten. Die hier erbrachten Leistungen waren jedoch so hoch subventioniert, daß sie jeder Haushalt in Anspruch nehmen konnte und das auch tat. Die Folge hiervon wiederum war, daß die Einrichtungen permanent überlastet waren. Außerhalb Berlins – das durch seine Hauptstadt- und Schaufensterfunktion auf allen Gebieten bevorzugt versorgt wurde und über überdurchschnittlich viele Dienstleistungseinrichtungen verfügte – mußte man oft mehrere Wochen auf die gereinigte und gebügelte Wäsche warten. Hinzu kam, daß die Maschinen durch langen Gebrauch die Wäsche übermäßig stark verschlissen. Auch die Versuche, Näh- und Stopfarbeiten aus der privaten Hausarbeit auszulagern und so für Erleichterungen zu sorgen, hatten nicht die gewünschten Erfolge. Frauen arbeiteten zwar zu einem hohen Prozentsatz in der Produktion mit, die ihnen versprochenen Erleichterungen im Haushalt schlugen jedoch nicht nachhaltig zu Buche. Für sie bedeutete die Berufstätigkeit eine erhebliche Mehrbelastung, da die Hausarbeit nun zusätzlich in den Abendstunden erledigt werden mußte.

„Muttis kleine Helfer"

Hier hatte auch die in den fünfziger Jahren begonnene Kampagne für die Mechanisierung und Modernisierung der Haushalte durch technische Hausgeräte nicht die gewünschten Erleichterungen gebracht. Die im Handel angebotenen Haushaltgeräte unterteilten sich im Prinzip in zwei Gruppen. Es gab ein als „lebenswichtig" erachtetes Grundsortiment, zu dem Herde, Warmwas-

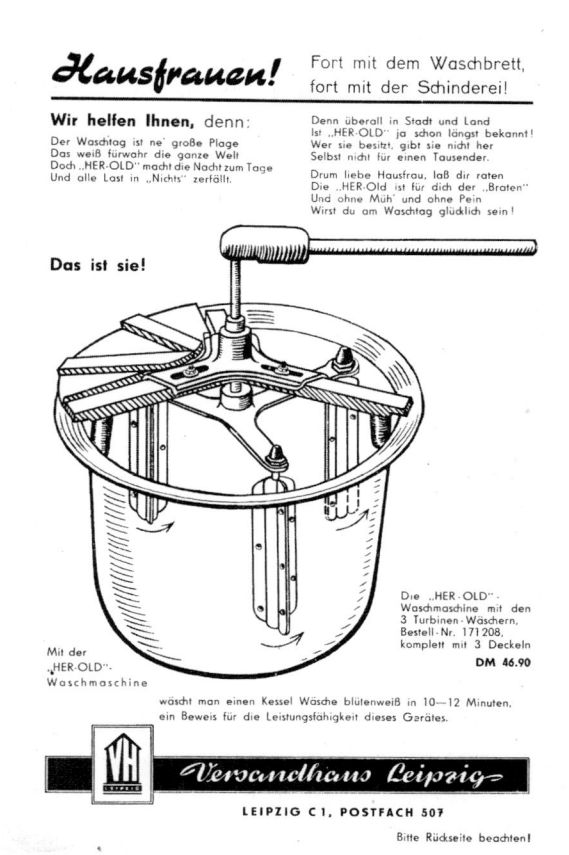

Werbung für „Her-old" Waschmaschine 1957

serbereiter und Hausrat aller Art gehörte. Für viele Haushalte bedeutete Anfang der sechziger Jahre der Erwerb eines Warmwasserbereiters oder eines Herdes eine weit größere Verbesserung als der Kauf eines Kühlschranks. Auch standen weniger die elektrisch betriebenen Hausgeräte im Mittelpunkt der Angebote. Eine Vielzahl an Kleingeräten, die per Muskelkraft mechanisch zu bedienen waren, bestimmten das Angebot. Gleichwohl stellten diese eine Erleichterung der Arbeit etwa beim Fleischhacken, Kaffeebohnen zerkleinern oder Fußbodenfegen dar. Hervorstechendes Bedienelement aller Geräte war eine Kurbel. Während in der Bundesrepublik bereits 1957 ein Waschvollautomat erworben werden konnte, warb der DDR-Handel

1957 in seinem damaligen Prestigeprojekt „Versandhandel" noch mit einer Waschmaschine namens „Her-Old". In diesem Waschtopf mußte die Wäsche mittels einer per Hand zu drehenden Stange gerührt und so in Wallung versetzt werden. Die hierfür kreiierte Werbung „Hausfrauen! Fort mit dem Waschbrett, fort mit der Schinderei!" wirkte geradezu hilflos. Aber selbst „Her-Old" war nicht ständig im Angebot. Die Bilanz war: „Trotz der erzielten Fortschritte kann das ermittelte Niveau in seiner Gesamtheit noch nicht voll befriedigen. Es entspricht nur ungenügend den Anforderungen zur Verringerung und Erleichterung der Hausarbeit. Es fördert ungenügend eine sinvolle und erholsame Freizeitgestaltung."[17] Immerhin half auch dieser Waschtopf als Wasch„maschine" den ostdeutschen Einholversuchen. Zumindest in der Statistik sorgte er dafür, daß die Ausstattung mit Waschmaschinen in Ost und West nicht allzuweit auseinanderklaffte.

Getreu ihrem Auftrag, für die Mechanisierung der Haushalte, die Erleichterung der Hausarbeit und die Freisetzung von Hausarbeitszeit für Produktionszeit unter den Hausfrauen zu werben, hatte die Werbung die Kunden Ende der fünfziger Jahre auf die neuen Geräte vorbereitet und deren Kaufinteresse geweckt. Durch die allgemeine Hebung des Lebensniveaus und durch den höheren Ausstattungsgrad der Haushalte erschienen nun mehr und mehr vormalige „Luxusgüter" erschwinglich.

Aber der Handel mußte passen: Die modernen Haushalthelfer waren nur sporadisch zu kaufen. „Die örtlichen Besonderheiten wurden oft ungenügend beachtet. So waren bei den zentralen Werbemaßnahmen für Küchenmaschinen und Hähnchen in einigen Bezirken überhaupt keine Bestände vorhanden, und die Nachfrage der Bevölkerung konnte bereits ohne Werbemaßnahmen nicht befriedigt werden"[18], mußte anläßlich der zentralen Werbeaktion „Technik im Haushalt" 1961 eingeräumt werden. Die Werbung erhielt nun den Auftrag, technische Geräte, solange sie Mangelware blieben, nicht mehr publik zu machen. Sie sollte vielmehr für solche Waren werben, die auf „Halde" produziert waren und zu Ladenhütern zu werden drohten. „Die Werbemaßnahmen wurden unzureichend mit den Planzielen abgestimmt. Sie beruhten in der Regel nicht auf einer ausreichenden Analyse der konkreten politischen und ökonomischen Bedingungen. So wurden zum Beispiel einerseits Bedürfnisse geweckt, für deren Befriedigung gegenwärtig die volkswirtschaftlichen Möglichkeiten noch nicht vorhanden sind. Andererseits wurde der Bedarf oft ungenügend auf reichlich vorhandene Waren gelenkt", befand etwa eine Analyse der Werbetätigkeit aus dem Jahre 1962 und regte an, die Überlegenheit des sozialistischen Gesellschaftsystems nunmehr „anhand des konkreten Warenangebots" nachzuweisen.[19]

Immerhin hatten Mitte der sechziger Jahre die kurbellosen, nun tatsächlich elektrisch betriebenen, kleinen Haushalthelfer die Angebotspalette erobert. Ob Küchenmaschinen „Unisette" oder „Komet", ob Kaffeemühle, Fleischwolf oder Entsafter – nun funktionierte alles elektrisch. Das Angebot hatte sich beträchtlich erweitert. Staubsauger und Bügelmaschinen gehörten zu den fest in den Haushalten etablierten elektrischen Haushaltgeräten, bei denen ein starker Zuwachs zu verzeichnen war. 1966 verfügten bereits 80 Prozent der Haushalte über einen Staubsauger und ein Bügeleisen.

Bei diesen Haushaltgeräten war in kurzer Zeit ein guter Versorgungsgrad erreicht, während bei den „Luxus"- und Prestigewaren davon vorerst noch keine Rede sein konnte. Trotz aller Schwankungen stabilisierte sich das Angebot bis Ende der sechziger Jahre bei technischen Hausgeräten. 31 Prozent aller Haushalte nannten 1969 eine Schleuder und 57 Prozent eine Waschmaschine ihr eigen. Auch bei Kühlschränken, die jahrelang zu den Bestsellern auf den Mangelwarenlisten gehört hatten, war ein ähnlicher Ausstattungsgrad erreicht worden. Hatten 1964 nur 16 Prozent der Haushalte über ein solches Gerät verfügt, waren es 1966 bereits 30 Prozent. Dieser wurde jedoch in über 60 Prozent noch mit Eisblöcken und nicht elektrisch gekühlt.[20] Den Kunden, die in den vergangenen Jahren vergeblich versucht hatten, einen Kühlschrank zu kaufen, mußte die nun für Kühlschränke verstärkt einsetzende Werbung wie Hohn vorkommen. Obwohl Kühlschränke zu den Artikeln gezählt hatten, bei denen die Nachfrage das Angebot überstieg, wandte sich die Werbung wie folgt an die Kunden: „Haben Sie schon einmal überlegt, wieviel Zeit Sie sparen könnten, wenn Sie nur einmal wöchentlich einkaufen brauchten und wenn Ihnen auch bei 30 °C keine Lebensmittel verderben würden? Machen Sie die Probe aufs Exempel, überrechnen Sie nur einmal die Zeit, die Sie einsparen, denn Zeit ist nicht nur Geld – gewonnene Zeit ist Gelegenheit für Hobby, Bildung, Erholung und vieles mehr." Bis 1969 erhöhte sich der Anteil der Kühlschrankbesitzer auf über 60 Prozent. Allerdings mußten durchschnittlich zwei Monatsgehälter (also 1350,- Mark) für das Modell Kristall 140 bezahlt werden.

Die Ernährung – Ein Politikum ersten Ranges

Trotz aller Rückschläge und Einschränkungen ihrer in den fünfziger Jahren vollmundig verkündeten Pläne konnte die SED zu Beginn der sechziger Jahre auf wenigstens einem Gebiet durchweg Erfolge vermelden. Die Ernährungssituation hatte sich stabilisiert, Grundnahrungsmittel konnten in ausreichender Menge gekauft werden. Und es war tatsächlich gelungen, den Pro-Kopf-Verbrauch der Bundesrepublik an Butter und Fett zu übertreffen. Daß dies zu Lasten der Versorgung mit Käse und anderen Milcherzeugnissen geschehen war, trübte die Erfolgsstatistik nicht.

Allerdings sah man sich nun völlig überraschend mit anderen Problemen konfrontiert. So verständlich die Sehnsucht der Menschen nach gutem Essen nach den langen Jahren des Hungers und der Rationierung auch war, die nun auftretenden gesundheitlichen Probleme hatte niemand bedacht. Die DDR lag beim Verbrauch von Nahrungsmitteln vorn. Die Bevölkerung hatte sich bereits 1960 erfolgreich an die Weltspitze gegessen. Sie nahm pro Tag durchschnittlich 33 Prozent mehr Kalorien – das waren etwa 1.000 Kilokalorien – zu sich, als energetisch notwendig war. Mahnend erklärten die Ernährungsforscher, die DDR habe nicht mit den Problemen der Unter-, sondern der Überernährung zu kämpfen; jeder vierte Erwachsene in der DDR sei übergewichtig. Die Bevölkerung nahm die überschüssigen Nährstoffe vor allem in Form von verdeckten Fetten in hochwertigen und fettreichen Nahrungsmitteln wie Fleisch, Zuckererzeugnissen, Kuchen, Alkohol und Süßwaren zu sich. Hier trotzte sie erfolgreich allen Versuchen, eine gesunde Lebens- und Ernährungsweise anzunehmen.

Seit Beginn der sechziger Jahre sollten die Folgen der „deutsch-deutschen Freßwelle" der fünfziger Jahre bekämpft werden. Hatte man zunächst voller Stolz vor allem die für Grundnahrungsmittel wie Fleisch und Butter verauslagten Geldmittel des Haushaltsbudgets und die hiervon konsumierten Mengen gezählt, verschob sich mit dem Bekanntwerden der gesundheitsschädlichen Folgen dieser fettreichen und einseitigen Ernährung die Zielrichtung. Nun sollte die Bevölkerung über die gesundheitsschädigenden Folgen aufgeklärt und wieder davon abgebracht werden. Vorgefertigte Nahrungsmittel wie Tütensuppen, Dosengerichte und Feinfrostkost, die eine solche volkserzieherische Ernährungslinie darstellten, sollten forciert hergestellt und beworben werden. Der wirtschaftliche Hintergrund dieser Bestrebungen war die Erkenntnis, daß einerseits Landwirtschaft und Nahrungsgüterindustrie in der DDR nicht in der Lage waren, das versprochene Versorgungsniveau tatsächlich auch zu liefern, und andererseits die durch die fettreiche Nahrung verursachten Probleme mit Übergewicht und Fettsucht – die als Merkmal aller hochindustrialisierten Staaten galten – durch krankheitsbedingten Ausfall zu volkswirtschaftlichen Verlusten führten.

(Foto: Verband der Konsumgenossenschaft-VdK eG, Fotoarchiv)

45

Kuchen

(Foto: Verband der Konsumgenossenschaft-VdK eG, Fotoarchiv)

(Foto: Verband der Konsumgenossenschaft-VdK eG, Fotoarchiv)

Die „Schul- und Betriebsspeisung" war als ein soziales Angebot der DDR an ihre Bürger in den fünfziger Jahren eingeführt worden. Sie sollte den Arbeitsalltag erleichtern und Frauen von ihrer häuslichen Küchentätigkeit freistellen und für die Produktion verfügbar machen. In den sechziger Jahren besann man sich darauf, die Verköstigung in Betriebskantinen und Schulspeisung zu nutzen, um gezielt auf die Ernährung großer Bevölkerungsteile Einfluß zu nehmen, indem hier nach gesunden Rezepten des Ernährungsphysiologischen Instituts Potsdam-Rehbrücke zubereitetes Essen ausgeteilt wurde. Da das Angebot der kollektiven Verköstigung von großen Teilen der Bevölkerung akzeptiert wurde – etwa 70 Prozent der Kinder in Vorschul- und Schuleinrichtungen sowie etwa 40 Prozent der berufstätigen Erwachsenen nahmen an dieser Form der Versorgung teil –, hätte theoretisch an einem Großteil der Wochentage die gesunde Ernährung der Bevölkerung gesichert sein können.

Jedoch zeigte sich auch hier wieder, daß nicht die Pläne, sondern die unberechenbaren Wirtschaftsstrukturen in der DDR das Sagen hatten. Ernährungsphysiologisch wertvolle Nahrungsmittel wie Obst, Gemüse oder Fisch fehlten in den Geschäften ebenso wie in den Großküchen. Angesichts der fehlenden Sortimente und Versorgungskontinuitäten konnte keine dauerhafte Änderung im Eßverhalten erreicht werden.

Versuche, verstärkt Eier in die tägliche Nahrung aufzunehmen, zeitigten hingegen Erfolge. Anfang der sechziger Jahre hatte die DDR eine beispiellose Kampagne zur Popularisierung von Hühnereiern und „Broilern" begonnen, da der Legehennenbestand durch Fehlplanungen zu stark angewachsen war. Nun sollte über gezielte Kaufkampagnen diese Überproduktion abgebaut werden. „Nimm ein Ei mehr" oder „Den Tag mit einem Ei beginnen" prangte in jeder Kaufhalle von großen Werbeplakaten. Allerdings schoß man wieder über das Ziel hinaus. Der Eierverbrauch der Bevölkerung verdreifachte sich zwischen 1955 und 1985, denn die Bevölkerung nahm die Aufforderung „Den Tag mit einem Ei beginnen" ernst. Die Folgen waren auch hier wieder gesundheitsschädlich. Die Aufnahme von Eiweiß und schädlichem Cholesterin lag um etwa zehn Prozent über dem ernährungsphysiologisch empfohlenen Wert.

Um die gesunde Ernährung zu propagieren, wurden alle Werbemöglichkeiten genutzt. Der „Fischkoch" brachte den Verbrauchern via Fernsehen wirksam die Zubereitung von Fischgerichten nahe und trug zur wachsenden Beliebtheit vom bis dahin stiefmütterlich behandelten Fisch bei. Auch die Werbung für Haushaltgeräte wurde genutzt, um die Kunden auf eine gesunde Ernährung einzuschwören. So wurden Kochtöpfe und Pfannen vorgestellt, die, mit einer Spezialbeschichtung versehen, Bratfett überflüssig machten, Gartöpfe kombiniert mit Gemüserezepten sollten die Akezptanz von Suppen erhöhen helfen und den Prestigewert als „Arme-Leute-Essen" verschrieener Eintöpfe verbessern. Die Versorgung mit gesunden Brotsorten sollte ebenso Abhilfe schaffen. Die Werbung wandte sich aber nicht nur altbekannten Produkten zu, sondern sorgte vor allem dafür, daß die Bürger sich mit Anfang der siebziger Jahre neuentwickelten Produkten mit dem Aufdruck „optimierte Nahrung", „ON", anfreundeten und ihre Vorbehalte abbauten. Im Zuge der Einführung von sogenannten „Ersatzstoffen" auf chemischer Grundlage, die die nicht oder nur unzureichend vorhandenen natürlichen Rohstoffe ersetzen sollten, war man Anfang der sechziger Jahre nicht nur auf dem Textilsektor dazu übergegangen, neue Produkte zu entwickeln. So kamen jetzt zahlreiche auf pflanzlicher Basis entwickelte Margarinen mit geringem Fettgehalt auf den Markt und wurden ebenso angepriesen wie fettarme Käsesorten oder dietätische Lebensmittel.

Die Versorgung mit Obst und Gemüse, die bei einer gesunden Ernährung eine wichtige Rolle spielen und den Werktätigen zu „Gesundheit und Schaffenskraft" verhelfen sollte, erwies sich als anhaltend schwierig. Nicht nur, daß es saisonbedingte Schwankungen in der Versorgung gab, auch die vom Handel bereitgestellten Mengen und das Sortiment reichten nicht aus. Man bemühte sich zwar, durch die Mobilisierung aller einheimischen Obst- und Gemüsereserven – etwa der Kleingartenbesitzer – sowie durch die Wirtschaftsbeziehungen zu anderen Ländern des Rats für gegenseitige Wirtschaftshilfe (RGW) eine erhöhte Einfuhr von neuen Obst- und Gemüsesorten zu verstärken und diese unter der Rubrik „Bei Freunden zu Gast" populär zu machen. Aber auch dies war nur in den ohnehin an Obst und Gemüse reichen wärmeren Jahreszeiten möglich. Die Abgabe von Obst und Gemüse durch private Kleingärtner schuf zwar Abhilfe, verschärfte aber auch wieder andere Probleme. Anfang der sechziger Jahre gehörte das Einkochen noch zu den Tätigkeiten im Haushalt, die die SED im

Laufe der Zeit und zur Erleichterung der Hausarbeit abschaffen wollte. Vorgefertigte und haltbare Lebensmittel, zu denen Obst- und Gemüsekonserven gehörten, sollten verstärkt in den Handel gebracht werden. Das Einkochen sollte so binnen kurzem nur noch als Hobby von besonders engagierten Kleingärtnern betrieben werden. Da sich jedoch das Angebot nicht dauerhaft stabilisierte, gewann das Einkochen im Gegensatz zu den Prognosen eine immer größere Bedeutung. In den Sommermonaten verschlechterte sich dadurch die Versorgung mit Zucker und Geliermasse.

Bereits Anfang der sechziger Jahre war man auch auf die Bedeutung von Südfrüchten für die gesunde und volkswirtschaftlich empfehlenswerte Ernährung gestoßen: „Neben dem großen politischen Effekt einer bedarfsgerechten Versorgung mit Südfrüchten besteht sein wesentlichster versorgungspolitischer Erfolg darin, daß dadurch die disponible Kaufkraft geringer wird, eine Entlastung der Nachfrage in vielen Verbrauchskomplexen eintritt und im Ergebnis dessen eine größere Kontinuität der Zirkulationsprozesse und eine generelle Stabilisierung der Versorgungslage erreicht wird."[21]

Der ständig steigende Nahrungsmittelverbrauch zog sich jedoch wie eine rote Linie durch die Geschichte der DDR. Die Bevölkerung verteidigte hier ihre Weltspitzenposition und baute sie bis in die siebziger Jahre noch aus. Trotz der auf anderen Gebieten erreichten Umstellungen in den Lebensgewohnheiten änderte sich an den Ernährungsgewohnheiten wenig. Dies hatte mehrere Gründe. Die Generation, die den Nachkriegshunger noch in lebhafter Erinnerung hatte, setzte sich andere Ernährungsziele. Für sie galten reichhaltige, fett- und fleischreiche Speisen als Zeichen von Wohlstand. Auch der Verzehr von Teigwaren orientierte sich an den Erfahrungen der Mangelzeit. Vor allem mit weißen Mehlsorten gebackene Brote, Kuchen und Torten sowie Fleisch und Wurst spielten in den Ernährungsgewohnheiten eine Rolle. Mit der Einführung der fünf-Tage-Arbeitswoche und dem erhöhten Wert von Freizeit kamen weitere „Dickmacher" hinzu. Die Bevölkerung machte es sich nun in ihren freien Stunden mit allerlei Näschereien und Gebäck vor dem Fernseher oder im trauten Heim gemütlich – und nahm dabei unaufhörlich weiter zu.

Auf technische Konsumgüter mußte oft lange Jahre gewartet und das Geld über einen langen Zeitraum angespart werden. Diese voraussehbar langen Wartezeiten vergrößerten den monatlich frei verfügbaren Betrag, der wiederum vor allem für Lebensmittel verausgabt wurde, denn wenn man schon nicht kaufen konnte, was man wollte, wollte man wenigstens gut essen. Fleisch- und Wurstwaren gehörten zu den Prestigelebensmitteln. Mit steigendem Einkommen stieg auch der Fleischverbrauch an. Eine Familie in der DDR nahm an fünf Tagen in der Woche eine Fleischmahlzeit zu sich. Da das Angebot an Käse und Quarkspeisen oft ungenügend und unkontinuierlich war und alternative Nahrungsmittel fehlten, wurde besonders abends auf das hochkalorige „Wurstbrot" nicht verzichtet. Der Verbrauch von Fleisch verdoppelte sich zwischen 1955 und 1989 von 45 kg auf 100,2 kg pro Person und Jahr. Der Verbrauch von Fisch hingegen stieg im gleichen Zeitraum nur leicht von 6,7 kg auf 7,6 kg an.[22]

Die Politiker waren sich der Vielschichtigkeit der Problematik sehr wohl bewußt: „Die Unkontinuität im Angebot von Nahrungsmitteln hemmt die sozialistische Bewußtseinsbildung und untergräbt das Vertrauen der Bevölkerung in ihren Staat. Da Nahrungsmittel täglich konsumiert werden, und sie über ein Drittel der Ausgaben für Waren ausmachen, sind sie bei breiten Kreisen der Werktätigen zum ersten Kriterium für die Bewertung des Lebensstandards geworden. Die Gewährleistung eines niveauvollen, kontinuierlichen Angebots ist somit nicht ausschließlich eine Versorgungsfrage sondern ein Politikum ersten Ranges. Die Unkontinuität des Angebots von Nahrungsmitteln erhöht den Zeitaufwand für den Einkauf und reduziert die Möglichkeiten zur Verringerung desselben. Sie widerspricht damit den Bemühungen, den Freizeitfonds der werktätigen Frauen zu erhöhen und sie von nichterforderlichen Tätigkeiten zu befreien. [...] Die Unkontinuität des Angebots an Nahrungsmitteln unterstützt die einseitige, ernährungswissenschaftlich falsche Ernährung stimuliert gleichzeitig die Erhöhung des Gebrauchs von Genußmitteln. Damit steht sie im Widerspruch zu den Anstrengungen um Durchsetzung einer richtigen und gesunden Ernährung."[23] Doch eine Lösung wurde unter den Bedingungen der sozialistischen Planwirtschaft nicht gefunden.

Tabelle: Verbrauch an ausgewählten Nahrungsmitteln in der DDR zwischen 1955 und 1989

Nahrungsmittel	1955	1960	1970	1980	1989
Fleischerzeugnisse (kg)	45,0	55,0	66,1	89,5	100,2
Fischerzeugnisse (kg)	6,7	7,0	7,9	7,4	7,6
Butter (kg)	9,5	13,5	14,6	15,2	14,6
Margarine (kg)	10,3	10,4	11,0	10,7	10,2
Trinkmilch (l)	90,7	94,5	98,5	98,7	113,9
Mehl/Nährmittel (kg)	121,6	101,6	97,3	94,5	97,1
Käse (kg)	3,0	3,6	4,6	7,5	10,2
Zuckererzeugnisse (kg)	27,4	29,3	34,3	40,6	40,5
Gemüse (kg)	37,0	60,7	84,8	93,8	100,6
Obst (kg)	21,8	57,0	55,5	71,1	78,6
Eier (Stk.)	116	197	239	289	301

„Frau Mode" und „Herr Geschmack" – Die Bekleidung des sozialistischen Menschen

Mit dem gefüllten Bauch hatten die Menschen begonnen, auch wieder andere Bedürfnisse in den Blick zunehmen. Hierzu gehörte zuerst die Kleidung. Während die Partei- und Staatsführung in den fünfziger Jahren auf vielen Gebieten zu einer Einholjagd mit der Bundesrepublik gerufen hatte, verfolgte sie im Bereich von Mode und Bekleidung andere Ziele. Die Versuche, das Bekleidungsverhalten der Bürger zu beeinflussen, orientierten sich nicht daran, die Bundesrepublik in der Pro-Kopf-Ausstattung an Kleidern, Schuhen und Mänteln zu überholen. Hier sollte genau der gegenteilige Effekt erreicht werden. Mäßigung war angesagt.

Etwa die Hälfte der im Handel angebotenen Sortimente umfaßte Bekleidungsartikel für die Dame, den Herren und Kinder. Hier bot sich ein ideales Betätigungsgebiet, um die Erziehung der DDR-Bürger zu verantwortungsbewußten sozialistischen Verbrauchern voranzubringen und den Abkauf einzuschränken. Wie eine 1963 verfaßte Dissertation feststellte, waren die „kapitalistischen Konsumgewohnheiten" von der Werbung gefördert worden: „Gegenwärtig bestehen bei der Beeinflussung des Bedarfs noch Mängel. Der Inhalt der bedarfsbeeinflussenden Maßnahmen entspricht nicht immer den Zielen der sozialistischen Konsumtion. Das Warenangebot, die Preis- und Einkommenspolitik sowie die Werbung auf dem Binnenmarkt waren nur ungenügend auf die Entwicklung sozialistischer Lebens- und Verbrauchsgewohnheiten gerichtet ..."[24] Eine Wende in der Werbearbeit wurde gefordert. Um diese Forderung durch materiellen Druck zu unterstützen, wurden Anfang der sechziger Jahre beispielsweise die Werbebudgets um die Hälfte reduziert. Werbung im Stile von „Finden Sie nicht auch, daß zum Frühling unbedingt ein neues Kleid gehört?" oder „Welche Frau freut sich nicht auf die schöne, warme Sommerszeit? Und schon wird die Frage gestellt: „Was werde ich mir diesmal kaufen?" Wie gerufen kommt nun der neue Katalog, der jede Frau gut beraten möchte. Weder extravagant noch anspruchslos sind die Modelle auf diesen Seiten. Sie haben das gewisse Etwas, das die Kleider aus dem Alltäglichen heraushebt, das sie flott und begehrenswert macht. In seiner Vielfalt ist das ein Sortiment, das dem modischen Geschmack und der persönlichen Note unserer heutigen Frau entspricht, die tatkräftig und selbstbewußt ihren Platz in unserer sozialistischen Gesellschaft einnimmt", sollte durch Werbung ersetzt werden, die den Käufer darauf orientierte, modeunabhängige Bekleidung in zeitlosem Chic zu erstehen und ihn vor allem auf die Haltbarkeit des Materials und lange Lebensdauer der Stücke verwies. Werbung, die zum Konsumieren aufforderte wie „Das Loch im Kleiderschrank (man kann notfalls ein bißchen nachhelfen) ..." war nicht mehr erwünscht.

Anfang der sechziger Jahre beschloß der Ministerrat, die Mode an volkswirtschaftliche Möglichkeiten anzupassen. Die bis dahin üblichen Sommer- und Winter-Schlußverkäufe wurden abgeschafft.[25] Der VI. Partei-

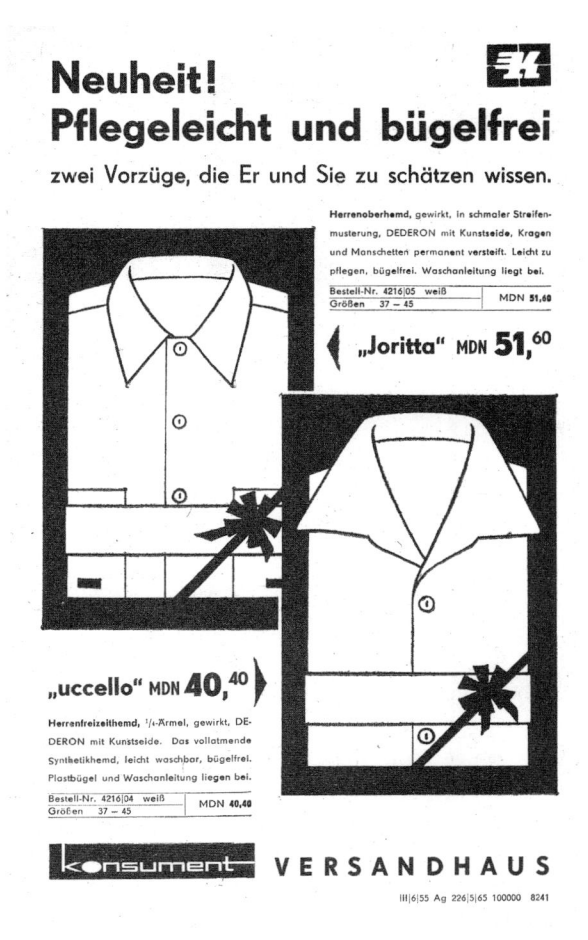

Neuheit!
Pflegeleicht und bügelfrei
zwei Vorzüge, die Er und Sie zu schätzen wissen.

„Joritta" MDN **51,60**

Herrenoberhemd, gewirkt, in schmaler Streifenmusterung, DEDERON mit Kunstseide, Kragen und Manschetten permanent versteift. Leicht zu pflegen, bügelfrei. Waschanleitung liegt bei.
Bestell-Nr. 4216/05 weiß
Größen 37–45   MDN 51,60

„uccello" MDN **40,40**

Herrenfreizeithemd, ¼-Ärmel, gewirkt, DEDERON mit Kunstseide. Das vollatmende Synthetikhemd, leicht waschbar, bügelfrei. Plastbügel und Waschanleitung liegen bei.
Bestell-Nr. 4216/04 weiß
Größen 37–45   MDN 40,40

konsument VERSANDHAUS

tag forderte ganz in diesem Sinne 1963 eine Wende in der Werbearbeit. Der internationale Entwicklungsstand, das Weltniveau, sollte die Grundlage für eine eigene sozialistische DDR-Modelinie sein. Entsprechend den Erfordernissen des „modernen Industriestaats DDR" mit seiner modernen Lebensweise sollten die Käufer vor allem im Bereich der Mode ihren bisherigen Kauf- und Tragegewohnheiten abschwören und sich der zu entwickelnden zeitlosen und modeunabhängigen Modelinie zuwenden. Immer wieder gelangten Berichte an die verantwortlichen Stellen beim Ministerium für Handel und Versorgung, aus denen hervorging, daß sich die Kunden eines anarchistischen und eher dem Kapitalismus zugeschriebenen Kaufverhaltens bedienten. „Hamsterei" und spontane Käufe je nach Angebot und nicht nach Bedarf wurden kritisiert. Dem „westlichen Konsumterror" und hektischen Modewechsel, dem Sich-Kleiden nach dem „letzten Schrei" sollte ein sozialistisches Modebewußtsein entgegengesetzt und der Bedarf durch planvolles Zukaufen, Komplettieren und Kombinieren an modischen Artikeln beeinflußt werden.

Modische Veränderungen sollten sich, wie in den Modelinien der DDR beabsichtigt, kontinuierlich und nicht in schnellen, abrupten Wechseln vollziehen. Darauf sollte auch beim Import von Textilien geachtet werden, um nicht „durch unbedachte Einfuhren das sozialistische Erziehungsanliegen zu unterwandern"[26]. „Die politische Bedeutung des Modeschaffens liegt in der Aufgabe begründet, die Vorzüge unserer sozialistischen Gesellschaft im Wettstreit mit dem Kapitalismus klar hervortreten zu lassen", lautete die Aufgabe.[27]

Um dieses Ziel zu erreichen, waren in den fünfziger Jahren ein neuer Modeltyp – der „sozialistische Mensch, den es zu bekleiden gilt" – und sozialistische Modeleitbilder geschaffen worden. Der Bereich Modeforschung der Versandhäuser erhielt die Aufgabe, in Zusammenarbeit mit dem Modeinstitut Berlin eine entsprechende neue Modelinie zu entwickeln, deren Vorbild die „stärker gebaute" Frau, die in der Produktion in Stadt und Land kräftig zupacken konnte, war. Die Bauernzeitung vom 1. Mai 1956 befand, daß es – in Abgrenzung zum „westlichen" Typ des schlanken Models – eher der „Typ der etwas vollschlanken Frau" sei, den „unsere Bäuerinnen" sehen wollen. Entsprechend wurden bspw. auf den von den Versandhäusern in kleinen Gemeinden

GUTE PERSPEKTIVEN FÜR ALLE

HERBST
WINTER
KATALOG
1960–61

225,–

305,–

Beachten Sie bitte Seite 3 und 21

VH LEIPZIG

Versandhaus Leipzig

durchgeführten etwa 160 Modenschauen im Jahr bei der Auswahl der Models darauf geachtet, ein breites Spektrum an Frauenfiguren in unterschiedlichen Altersgruppen präsentieren zu können. Bei alledem ging es nicht nur darum, akute Versorgungsengpässe zu überwinden. Mit der steigenden Akzeptanz kräftiger Frauentypen hoffte man, den Abkauf bei Bekleidung langfristig einschränken zu können, denn vor allem schlanke Frauen galten modischen Neuheiten gegenüber als aufgeschlossen. Korpulente Frauen hingegen würden nicht jeden modischen Kleiderwechsel mitmachen, hatten Untersuchungen zum Bekleidungsverhalten übergewichtiger Frauen gezeigt.[28]

Diese Auffassung von der neuen sozialistischen Frau hielt sich jedoch nur kurze Zeit. Die Kunden wollten ihrem Idealbild nahe kommende Frauen und Männer bewundern können und sich einbilden, in der gleichen Kleidung so ähnlich auszusehen. Aber auch die Produktionsbetriebe boykottierten das vollschlanke Model und weigerten sich, Kleidung in Übergrößen herzustellen. Diese nämlich erforderten einen höheren Materialverbrauch, der die Planerfüllung erschwerte. Für große Kleidung konnte aus der verfügbaren Menge Stoff weniger Bekleidung hergestellt werden. Also reagierte die Industrie, indem sie die tatsächlichen Figurverhältnisse unter der Bevölkerung und die langfristigen Vorstellungen der Modemacher zugunsten der aktuellen Planerfüllung ignorierte. Während noch 1961 die Models im vollschlank-kräftigen Bäuerinnenstil zur LPG-Konferenz oder zum Theaterabend ins Dorf-Klubhaus eilten, präsentierte die Werbung ganz im Sinne der angestrebten Modernisierung von Wirtschaft und Gesellschaft zunehmend städtische, schlanke Models, die nichts mehr mit dem Arbeiter- und Bäuerinnen-Typ gemein hatten. „Fesche" junge Frauen in eleganten Kleidern und jugendliche Models mit Zigarette und Kofferradio bestimmten das Bild in den sechziger Jahren. Man gab sich weltoffen und modern, orientierte sich an den Modeschauen von Paris und Mailand.

Die junge, elegante und doch sportlich gekleidete Frau wurde mehr und mehr zum modischen Leitbild in der DDR. Die Frau der sechziger Jahre erschien zumeist im eleganten Kleid oder Kostüm und mit passenden Handschuhen bekleidet. Sie trug ein schickes Hütchen auf dem Kopf. Damit sie „vollständig" angezogen war, brauchte sie Taschen, die ihr als: Damencocktailbörse, Geldscheintasche, Brieftasche, Stadttasche, Berufstasche, Umhängetasche, Bügeltasche, Überschlagtasche usw. angeboten wurden. Bei Schuhen konnte sie zwischen Damenslingpumps, dem Damenhosenanzugschuh, der Damensandalette, der Riemchensandalette, dem Damen-Trotteur-Sling, Damenpumps, Damenfreizeitschuh, Damensportschuh, Damenschlußpantoffel, Damenhauspantolette, Damenhauspantöffelchen wählen. Und damit „die natürliche Schönheit des Frauenarms" so richtig zur Geltung kam, mußte dieser „durch ein kunstvolles Armband vollendet" werden, belehrte der Versandhandel 1971 seine Kundinnen.

Dies alles bedeutete nicht, daß die Erziehungsarbeit auf dem Gebiet der „sozialistischen Modelinien" aufgegeben wurde. Der neue Modetyp entsprach der modernen werktätigen städtischen Frau, die nicht nur das Recht hatte, gut gekleidet zu sein, sondern dazu regelrecht verpflichtet war: „Jede Nachlässigkeit in der Kleidung ist der Würde der berufstätigen Frau abträglich", konstatierte die Kleine Enzyklopädie „Die

AUF DEM RICHTIGEN WEG

befinden sich die Mitarbeiter des Zentralen Unternehmens „konsument". Sie haben sich im Wettbewerb zu Ehren des 20. Jahrestages unserer Republik gewissenhaft darauf vorbereitet, Ihren Wünschen gerecht zu werden, Schrittmacherleistungen auf dem Gebiet der Versorgung zu vollbringen. Der Ihnen vorliegende Katalog ist das Spiegelbild der gemeinsamen Anstrengungen der Werktätigen aus Industrie und Handel. Langfristige Kooperationsbeziehungen zur Produktion und die kombinatsmäßige Leitung ermöglichen es, Ihnen ein umfangreiches und attraktives Angebot unter dem Motto „Ein Blumenstrauß für unsere Republik" zu unterbreiten, das sicher Ihre Zustimmung finden wird.

Wir wünschen Ihnen bei der Auswahl aus unserem Katalog viel Freude und danken Ihnen für Ihr Vertrauen, das für uns Verpflichtung und Ansporn zugleich ist.

Generaldirektor

Angelehnt an den Uniformstil ist dieses Jugendmodell aus Mischwolle. Halsbündchen, Schulterklappen und Metallknöpfe unterstreichen die Note dieses hübschen Mantels.
a Best.-Nr. 3412/12 blau M 146,—
b Best.-Nr. 3412/11 rot
Größen   m76   m82   m88

146,—

Frau".²⁹ Weiter hieß es dort, daß die Berufskleidung „leider immer noch ein Stiefkind der Mode ist, sollte es aber nicht sein. Arbeitsfreudigkeit wird nicht geweckt durch langweilige, unschöne Kleidungsstücke, die die Frau am Arbeitsplatz reizlos und dürftig erscheinen lassen. Im Gegenteil: bei äußerster Zweckmäßigkeit (ausreichenden Taschen, keine beengenden Schnittfalten, keine flatternden Jackenenden beispielsweise für die Arbeit an der Dreschmaschine usw.) und Strapazierfähigkeit (insbesondere für die Frau auf dem Lande) soll die Berufsbekleidung in Schnitt und Farbe der Frau die Möglichkeit geben, auch am Arbeitsplatz gut auszusehen."³⁰

Leider fanden diese guten Vorsätze nicht immer ihre Umsetzung. Der Eulenspiegel schrieb: „Trotzdem stiehlt sich dem Kauflustigen eine Träne ins Knopfloch, sobald er verschiedene Textilien näher in Augenschein nimmt. Säcke in strahlendem Grau oder in anderen optimistischen Tiefdunkelfarben, mit Pailletten oder einer beinahe echten Brosche aufgemutzte Kittel hängen sich gleich den längst überholten OP-Art-Fummelchen außerplanmäßige Falten in den Stoff. Apropos Stoff, der ist entweder sehr billig – was nur bei ausgesprochenen Modeknüllern vertretbar wäre, weil die ohnehin nur einen Sommer getragen werden – oder sehr teuer. Qualitäten, die Gewebe mit guten Trag- und Pflegeeigenschaften in ansprechenden Farben mit einem zeitlos-modischen, soliden Schnitt vereinen, fehlen beinahe ganz. (...) Sogenannte Modeknüller haben sich meist die ohnehin kurzen Beinchen abgelaufen, ehe sie bei uns ein tapferes Schneiderlein finden."³¹ Denn aufgrund ihrer Planvorgaben, die nach effizienter Materialauslastung und Stückzahlen und nicht nach ästhetischen Kriterien fragten, ignorierten die Textilbetriebe die Vorgaben des Modeinstituts und produzierten in altbewährter Manier nach ihren Erfahrungen weiter. So beschrieb eine Produktionsarbeiterin in der Satirezeitschrift „Eulenspiegel" diese Situation: „VVB [Vereinigung Volkseigener Betriebe – A. K.] und Ministerium schreiben uns Stückzahlen vor. Da müssen erst einmal Kleider von den Bändern purzeln. Ob sie gekauft werden, stellt sich erst später heraus. Wir bringen Werte. Deshalb die teuren Stoffe und simplen Schnitte. Jedes Detail drückt die Zeit." Und die Redaktion setzte noch einen eigenen Bericht aus der Produktion obendrauf: „15 000 Damenmäntel über den Plan fertigte der VEB (B) Priegnitz in Wittenberge aus einer Streichgarn-Zellwolle, die als Stoff für Jugendweiheanzüge den Ansprüchen nicht mehr entsprochen hatte, mit wollig-weichem Unterfutter kaschiert jedoch bald als Erfolgsfaktor nach oben gemeldet worden war. Obwohl sich beim Bügeln der ersten Mäntel zeigte, daß die Unterlage hart, der Stoff wellig und die Kleidungsstücke unansehnlich waren, wurde in Anbetracht der Auflage im VVB Konfektion tapfer weiterproduziert und 6 000 Stück mit Gütezeichen 1 und EVP [Endverbraucherpreis – A. K.] 101,80 Mark ausgeliefert. Der Handel reklamierte 2 000 Stück. Der Rest – um 75 Prozent preisgesenkt – sucht vergeblich einen Käufer."³²

Bei allen Versuchen, das Mode- und Kaufverhalten zu manipulieren, hatte man vor allem die Frauen im Blick. Sie galten Modefragen und leichtfertigen Spontankäufen gegenüber als aufgeschlossen. Sie würden sich schnell und unüberlegt zum Kaufen verleiten lassen und mehr kaufen, als sie eigentlich bräuchten und mußten davon abgehalten bzw. dazu ermutigt werden – je nachdem, ob man bei den Planungen der nicht ausreichenden Produktion oder der abzuschöpfenden Kaufkraft Genüge tun wollte. Studien hatten desweiteren gezeigt, daß die Kaufentscheidungen für die Bekleidung der Männer in der Mehrzahl von Frauen getroffen wurden. Männer hingegen galten in der Regel nicht als putz- und modesüchtig und somit auch weniger erziehungsbedürftig. In der zeitgenössischen Verknüpfung von „Frau Mode", die durch „Herrn Geschmack" gezügelt wird, fand dies seine Entsprechung. Erst in den achtziger Jahren revidierten die Modeforscher ihre in den sechziger und siebziger Jahren durch ihre Studien mit verbreiteten Vorurteile über das Kaufverhalten von Frauen: „Das Vorurteil, wonach die meisten Frauen der Überzeugung sind, viel mehr Bekleidung als vorhanden zu benötigen, wird durch die Befragung nicht bestätigt."[33] Trotz der ihnen zugeschriebenen hohen Kaufbereitschaft hatten Befragungen ergeben, daß etwa die Hälfte aller Frauen in der DDR Probleme hatte, etwas Passendes zum Anziehen zu finden.

Das in den fünfziger und sechziger Jahren durch Marktuntersuchungen ermittelte tatsächliche Kaufverhalten der Bevölkerung der DDR strafte die hysterische Polemik der SED gegen den „hektischen Modewechsel" Lügen. Die Ausstattung mit Bekleidung deckte bei den meisten Familien den Grundbedarf, ohne daß die finanzielle Ausstattung der Haushalte es zugelassen hätte, sich beliebige Mengen an Garderobe nach Wunsch zuzulegen. Denn der überwiegende Teil der Haushaltskasse wurde für Lebensmittel ausgegeben oder für technische Güter gespart. Neuanschaffungen mußten mit dem Familienbudget abgestimmt werden. Für viele Haushalte spielte beim Kauf von Bekleidung die von der SED geforderte Haltbarkeit der Stücke eine wesentliche Rolle. 1964 verfügte im Durchschnitt jede Frau in der DDR über 32 Kleidungsstücke, unter denen Kleider und Schürzen mit durchschnittlich neun Stück und Blusen mit sechs den Spitzenplatz hielten.[34] Bis zum Beginn der siebziger Jahre verringerte sich diese Menge an Bekleidung einer Erhebung des Instituts für Marktforschung zufolge sogar noch. Offenbar zeitigten hier die Erziehungsversuche zur längeren Nutzung der Bekleidung erste Erfolge. So besaßen Frauen in der DDR 1971 durchschnittlich nur noch 31 Kleidungsstücke, worunter sich noch sieben Kleider und fünf Blusen befanden, die zu einem erheblichen Teil nicht einmal im Handel gekauft, sondern selbstgeschneidert waren, weil „ein bedeutender Teil der Frauen verschiedene Unzulänglichkeiten im Warenangebot, wie zum Beispiel Mängel in der Größenstruktur, in Schnitt und Form der Konfektion oder unbefriedigende Möglichkeiten zur Komplettierung" auf diese Weise ausglichen.[35] Die Nutzungsdauer der Kleidungsstücke variierte dabei je nach Einkommensverhältnissen beträchtlich. Während Frauen der unteren Einkommensgruppen ihre Kleidung druchschnittlich 10 Jahre trugen – also tatsächlich bis an die Grenze des materiellen Verschleißes gingen –, sortierten Frauen der oberen Einkommensgruppen ihre Kleidung nach vier Jahren aus. Bei den Männern kam es zu noch krasseren Unterschieden. Hier ersetzten die Männer der unteren Einkommensgruppen ihre Anzüge erst nach 14 Jahren, während sich besser gestellte nach vier Jahren einen neuen Anzug leisteten.

Bis Ende der sechziger Jahre änderte sich in der Mode der DDR wenig. Die Kleidung war im Prinzip einer „klassischen" und „korrekt-konventionellen" Linie treu geblieben.

Hallo, wie gefalle ich Ihnen?

...ich jedenfalls finde mich schick in meinem „Selbstgenähten". Den Stoff habe ich übrigens vom Stoffversand Leipzig. Riesengroß ist die Auswahl dort. Kleider-, Mantel-, Anzug- und Kostümstoffe, selbst Futterstoffe und Einlagen bekommt man.

Machen Sie es wie ich, schreiben Sie an den Stoffversand. Er schickt Ihnen Stoffmuster zu und Sie können in aller Ruhe zu Hause auswählen.

Den passenden Schnitt für Ihren Stoff bekommen Sie im örtlichen Fachhandel oder direkt vom Verlag für die Frau 701 Leipzig, Postfach 1005. Vergessen Sie nicht, Ihre Konfektionsgröße und die Nummer des Schnittes anzugeben.

Für Ihre Stoffmuster-Anforderung füllen Sie bitte unseren Kupon aus, kleben ihn auf eine Postkarte und schicken sie an

**Stoffversand Leipzig
701 Leipzig
Postfach 860**

Stoffversand V Leipzig

Bitte ausschneiden und auf eine Postkarte kleben. Den Absender nicht vergessen!

Bitte senden Sie mir von folgender Stoffart Muster zur Ansicht.

(Foto: Neues Leben. Magazin der Jugend 1958)

Die Erziehungsarbeit im Bereich der Mode richtete sich jedoch nicht nur auf das Aussehen der Kleidung, sondern auch auf Tragegewohnheiten, die sich am Material orientierten. Das Material der Kleidung bestand in der DDR auch 15 Jahre nach Kriegsende noch immer in weiten Teilen aus Zellwolle, die seit rohstoffbewirtschafteten Vorkriegszeiten den Ersatz für höherwertige Materialien abgab. Nur wenige Modelle waren aus Baumwolle oder gar Naturseide gefertigt. Nun kam die Zeit der hochgepriesenen Ersatzstoffe, die mit dem Chemieprogramm und den synthetischen Fasern in den sechziger Jahren Einzug hielten. „Chemie bringt Wohlstand, Schönheit, Glück", hatte das Chemieprogramm 1959 verheißen. Neben Grisuten wurde Wolpryla als Ersatzstoff für Wolle entwickelt, Polycon sollte die Popeline ersetzen, Dederon und Acetat-Kunstseide boten sich als Seidenersatz an, Skelan stand für Filz, Velveton war eine Art Samtersatz. Allerdings vollzog sich der Durchbruch der neuen Materialien nicht problemlos. In der Käufergunst standen diese Materialien ganz weit oben und wurden kräftig nachgefragt, verhießen sie doch eine Verminderung der harten Wascharbeit, da sie als pflegeleicht, bügelfrei und knitterarm galten. Aber die Produktion konnte mit der Nachfrage nicht Schritt halten. Und wieder war es die Werbung, die die falschen Signale gab. Das Institut für Marktforschung monierte: "Im I. Quartal 1962 wurde zum Beispiel wiederholt durch die Industriebetriebe im Fernsehfunk für Erzeugnisse aus Dederon und Baumwolle geworben, obwohl das Warenangebot auch ohne Werbung nicht ausreichte, um den Bedarf zu decken. Nach einer Werbung für Puttenmäntel aus Dederon wollten die Produktionsbetriebe die im Fernsehfunk gezeigten Modelle wegen zu hohem Materialeinsatz nicht einmal anfertigen. Im Handel wurde aber bereits nach diesen Modellen gefragt. (...) Das Ministerium wies zu Beginn des Jahres 1962 die Verantwortlichen für die Wollcrylonwerbung darauf hin, daß der Bedarf bei diesen Erzeugnissen gegenwärtig das Warenangebot übersteigt. Es forderte eine Verminderung der Werbung für diese Waren. Die Industrie vertrat jedoch die Meinung, daß die Werbeaktion nicht den Absatz, sondern nur die Popularisierung des Warenzeichens `Schaf in der Retorte´ zum Ziel habe."[36] Obwohl die Versandhäuser in ihrer „kleinen Textilkunde" dieses Material bereits 1962 vorgestellt hatten, glänzten Wollcrylonerzeugnisse nicht nur in den Katalogen durch Abwesenheit. Erst 1963 konnte das staatliche Versandhaus „centrum" das aus dem Material Wollcrylon und

Die sinnvolle Nutzung der Freizeit

Zum Ende der sechziger Jahre konnten viele DDR-Bürger feststellen, daß sich ihre Lebenssituation verbessert hatte. Zwar war die wirtschaftliche und gesellschaftliche Liberalisierung Mitte der sechziger Jahre abgebrochen worden, der Bereich der individuellen Konsumtion jedoch war weitgehend verschont geblieben. Denn hier galten noch immer die Pläne vom Einholen der Bundesrepublik und dem Erreichen des Weltniveaus. Der Staat gewährte seinen Bürgern eine Reihe von Erleichterungen im täglichen Leben. Polikliniken, Kulturhäuser, Kureinrichtungen und Ferienplätze waren in großer Zahl eingerichtet worden und wurden hoch subventioniert betrieben. Denn die SED hatte ganz dem internationalen Trend folgend, Freizeit als Ergänzung zur Arbeitszeit als gesellschaftlich und privat hochgeschätztes Gut akzeptiert. Jedoch machte sich die Staats- und Parteiführung seit der Einführung der 5-Tage-Arbeitswoche im Jahre 1967 verstärkt Gedanken über die arbeitsfreie Zeit ihrer Bürger. Diese sollte ihnen nach Möglichkeit nicht sebst überlassen bleiben.

Aufmerksamkeit erheischte einerseits die Frage, inwieweit sich die vermehrt zur Verfügung stehende Zeit in einem verstärkten Abkauf von Waren – vornehmlich durch Frauen – in dieser Freizeit äußern würde. Andererseits galt es zu klären, wie diese freie Zeit sinnvoll und nutzbringend verbracht werden konnte. Neben den Vorhersagen für den Warenabkauf mußten Vorschläge für eine sinnvolle Nutzung der freien Zeit gemacht werden.

Prelana kombinierte Nachfolgematerial namens Wolpryla mit einem Modell vorstellen. Während in der Bundesrepublik bereits Ende der fünfziger Jahre Trevira seinen Siegeszug als pflegeleichtes Material feierte, bot der konsument-Katalog seinen Kunden erst 1964 ein DDR-eigenes Äquivalent: „GRISUTEN (R), im Ausland als Trevira bekannt, ist voll waschbar, permanent plisseebeständig, wasserabstoßend, elastisch und knitterarm". Der Informationstext baute auf den Wissensvorsprung, den die Kunden durch ihre familiären Kontakte in die Bundesrepublik hatten. Allerdings wurde Grisuten nicht als Trevira-gleichwertig anerkannt. Erst 1969 gelang es der DDR ein gleichwertiges Produkt namens „Präsent 20" auf den Markt zu bringen, das auch die Bevölkerung als DDR-Trevira akzeptierte.

(Foto: Verband der Konsumgenossenschaft-VdK eG, Fotoarchiv)

Urlaub auf moderne Art

② 36.50
③ 29.80
④ 38.50
⑤ 82.10
① 570.65

(Foto: Verband der Konsumgenossenschaft-VdK eG, Fotoarchiv)

Die Werbung erhielt eine neue Aufgabe. Sie sollte über neue Produkte, die der Freizeitgestaltung dienten, ein neues Lebens- und Freizeitgefühl vermitteln und Freizeitaktivitäten propagieren. Werbeseiten gut bestückt mit Büchern wiesen auf die Sinnhaftigkeit einer mit Lesen verbrachten Freizeit hin und betonten, daß „das gute Buch – ein Baustein des Friedens und der Völkerverständigung" sei. Gesellschaftsspiele oder Musikinstrumente, Photoapparate und Zubehör oder zahlreiche Sport- und Campingangebote warben für eine naturverbundene, sportlich-aktive Erholung. Segelboote, Motorboote und Kanus fehlten ebensowenig wie Fahrräder oder Rollschuhe. Zur modernen Freizeitgestaltung zählte auch die „Partykultur", die zünftig mit Bierfäßchen und Heimgrill in Werbung, Fernsehen und Zeitungen angepriesen wurde. Dazu gab es Partyspieße, Cocktaillöffel und den Fonduetopf ebenso wie Porzellanservices als Zeichen „gepflegter Gastlichkeit".

Auch Reisen wurde unter dem Motto „Urlaub auf moderne Art" in allen Medien beworben. Dabei stand jedoch nicht nur die Reisetätigkeit, sondern vor allem auch das hierfür käufliche Warensortiment im Mittelpunkt. Es wurde für Campingartikel geworben, deren Angebotsvielfalt sich schnell erweiterte. Der centrum-Katalog machte

1957 den Anfang mit Möbeln „für Sonne und Erholung", „für Zelt und Wochenende" und zeigte Sonnenschirm, Campingbett und Liegestuhl. Noch war der Campinghaushalt vergleichsweise überschaubar, ebenso wie die Zahl von etwa 10.000 Campern, die bis Mitte der fünfziger Jahre die Zeltplätze heimsuchten. Aber in dem Maße, wie sich die Campingbewegung zu einer Massenbewegung entwickelte, mit der Hunderttausende in den warmen Monaten die Zeltplätze der Republik bevölkerten, erweiterte sich das Angebot. 1959 verzeichneten die Plätze schon 172.000 und 1970 gar 500.000 Zelter. Die 1959 gegründete Messesondergruppe „Wassersport und Camping" machte sich die Entwicklung und Vermarktung von neuen Camping- und Freizeitartikeln zur Aufgabe. Hängematten, Fahrtenmesser, Campinglaternen, Campingkocher, Campingküche – alles war auf diese Freizeitbetätigung und die Betonung ihrer angenehmen Seiten eingestellt. Neben preisgünstigen Angeboten einfacher Campingartikel kamen mehr und mehr hochpreisige Luxus-Güter ins Angebot. Das Angebot differenzierte sich ebenso aus, wie sich die Campingliebhaber voneinander unterschieden. Da gab es die besserverdienenden Autobesitzer, die als Dauerzelter einen zweiten Hausstand im Freien unterhielten, in dem sie weder auf das Fernsehen noch die Waschmaschine oder den häuslichen Herd verzichten wollten, und es gab die Zelter, die mit einem einfachen Spitzzelt vorlieb nahmen. Ein Hauszelt konnte man fürs Dauercampen inzwischen für stolze 1.219,– MDN kaufen und in dieses diverse Campingmöbel – angefangen von Liegen, Tischen und Stühlen über Schränke bis hin zu Regalen – stellen. Denn „zum camping gehört eine gute Ausrüstung" befand der Centrum-Katalog 1969. Während die vom Freien Deutschen Gewerkschaftsbund (FDGB) angebotenen Reisen durch die staatliche Stützung sehr preiswert und für jeden erschwinglich waren – so bezahlte man für einen vierzehntägigen Urlaub mit Vollpension zwischen 75 und 180 Mark – waren die über das staatliche Reisebüro erhältlichen Reisen nicht nur knapp sondern auch teuer. Dennoch erhöhte sich die Zahl der jährlichen DDR-Urlauber auf 13 Millionen, was in etwa 80 Prozent der Bevölkerung entsprach.

1966 verbanden etwa 35 Prozent der DDR-Bürger ihren Urlaub mit einer Ferienreise. Statistische Erhebungen zählten Mitte der sechziger Jahre 4,5 bis 5 Millionen Urlaubsreisende, davon 3,75 Millionen im Inland und 750 000 im Ausland. Die Hälfte von ihnen verreiste „organisiert" über staatliche oder gewerkschaftliche Träger wie das Reisebüro oder den Feriendienst der Gewerkschaft FdgB, die andere Hälfte verbrachte ihre Urlaubstage auf privat unternommenen Reisen. Vor allem im Sommer wollten die DDR-Bürger wegfahren und legten ihren Urlaub zu 80 Prozent in die Monate Juni bis August. Diese Tendenz sollte sich in der DDR ebenso wie in anderen europäischen Staaten verstärken. Zwischen 1952 und 1966 erhöhte sich beispielsweise die Zahl der Urlauber an der Ostseeküste von 310 000 auf 1,41 Millionen.[37] Aber die DDR-Bürger zog es auch in die Ferne. Was dem Bundesbürger das Mittelmeer, wurde dem DDR-Bürger die Schwarzmeerküste, was den einen die Alpen, hatten die anderen in der Hohen Tatra. Bereits 1967 wurde bei Auslandsreisen die Millionengrenze erreicht. Und als zu Beginn der siebziger Jahre der paß- und visafreie Reiseverkehr zwischen der DDR, Polen und der CSSR eingeführt wurde, standen den Reiselustigen, die inzwischen über 18 Tage Mindesturlaub verfügen konnten, noch weniger Schranken im Wege. Reisen wurden über das 1957 gegründete Deutsche Reisebüro, das später in Reisebüro der Deutschen Demokratischen Republik umbenannt wurde, vermittelt. Diese führten nicht nur in DDR-Feriengebiete, sondern dehnten ihre Reisen unter dem Motto „Erholung in Freundesland" auf die Sowjetunion, Polen, die CSSR, Bulgarien und Rumänien aus. Trotz der zwischen einem und zwei Monatsgehältern liegenden Preise dieser Reisen waren sie sehr gefragt und binnen kürzester Zeit ausverkauft.

„Gute Unterhaltung"

In der Freizeit sollte jedoch vor allem auch „gute Unterhaltung" und Bildung eine Rolle spielen. Hierfür waren die Angebote an Fernsehern, Radios und Tonbandgeräten ausersehen.

Die Ersteinführung von Fernsehgeräten hatte in den Jahren 1953 bis 1957 begonnen. 1959 war bereits ein Ausstattungsgrad von acht Prozent der Haushalte erreicht. Am 12. August 1961 konnte das Fernsehen der

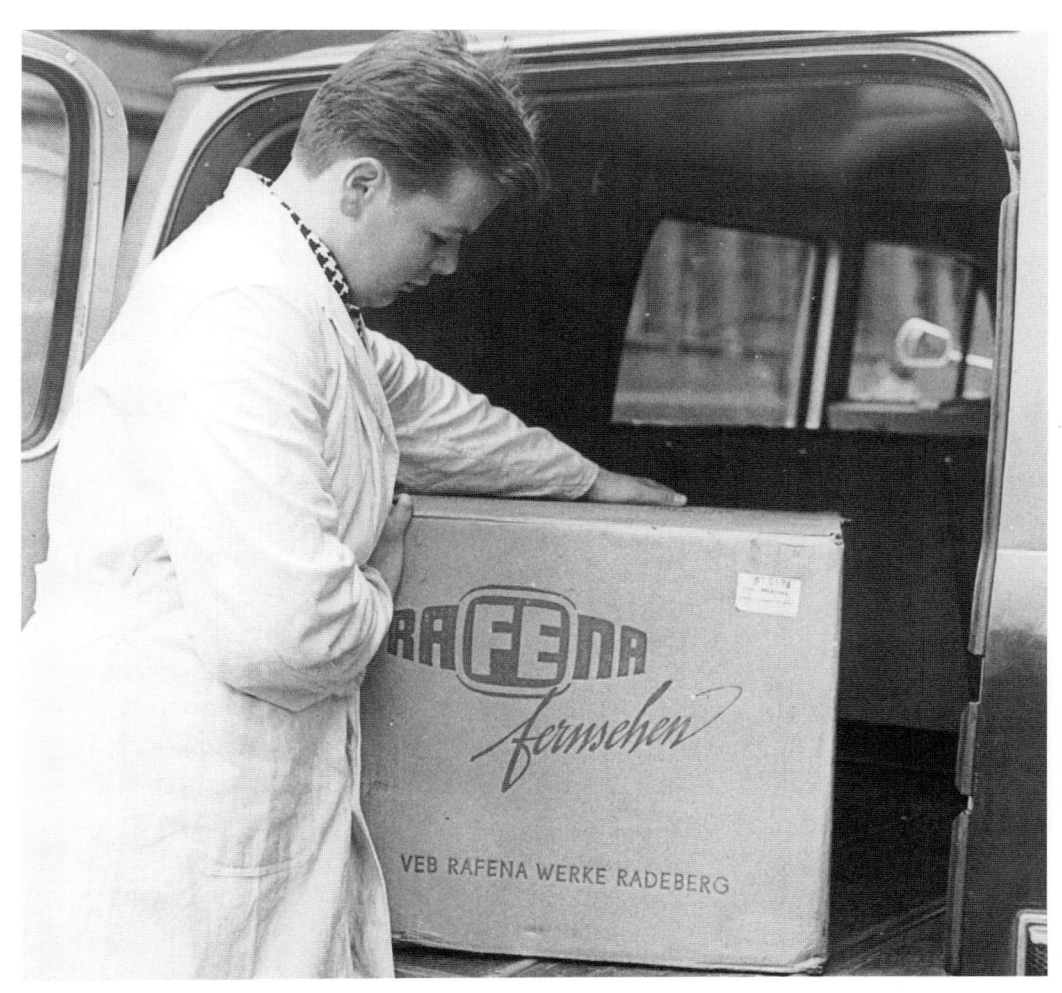

(Foto: Verband der Konsumgenossenschaft-VdK eG, Fotoarchiv)

DDR gar eine Gala anläßlich der Fertigstellung des Ein-Millionsten Fernsehapparats aus dem „Rafena"-Fernsehwerk feiern. Mitte der fünfziger Jahre war von der SED noch nicht vorgesehen, daß vormaliger Luxus zum Gebrauchs- und Allgemeingut werden sollte. Die produzierten Stückzahlen ließen eine umfassende Ausstattung der Haushalte nicht zu. Bis 1965 statteten vor allem Besserverdienende ihre Haushalte aus. Danach sollte das bis dahin erhöhte Produktionsaufkommen und eine Preissenkung sichern, daß auch Normalverdiener sich nun ihren Fernseher leisten konnten. Dabei rechneten die Ökonomen der DDR noch zu Beginn der sechziger Jahre mit einem baldigen Überholen der Bundesrepublik auf der Fernsehstrecke. Diesen Optimismus leiteten sie aus den jährlichen Zuwachsraten beim Bestand und der steigenden Produktion an Fernsehgeräten ab, die gegen Ende der fünfziger Jahre die bundesdeutschen Raten erreichten. Dieser Aufschwung währte indes nur kurze Zeit. Anfang der sechziger Jahre kam es in der Fernsehproduktion der DDR wegen fehlender Zubehörteile zu einem starken Produktionsrückgang, der das gesteckte Ziel, die Bundesrepublik in der Fernsehausstattung noch vor 1965 zu überholen, unerreichbar werden ließ. Die Gemeinde der Fernsehbesitzer vergrößerte sich zwar ständig, aber keineswegs in dem von der Bevölkerung gewünschten Maße. Denn allgemeine Lohnerhöhungen seit 1959 hatten zu einem stärkeren Kaufkraftzuwachs geführt, als von der SED ursprünglich geplant. 1963 stand in 31,2 Prozent der Haushalte im Westen und in 23,90 Prozent im Osten nun ein Fernseher.[38] Die DDR hatte zwar aufgeholt, das Einholen oder gar Überholen sollte ihr allerdings nicht gelingen. Dennoch konnte die DDR durchaus zufrieden sein, denn bereits 1967 verfügten 70 Prozent der Haushalte über ein Fernsehgerät, ein Ergebnis, mit dem die Parteiführung statistisch gesehen zufrieden sein konnte. Ganz im Sinne des „Weltstandsvergleichs" konnte 1972 festgestellt werden, daß sich der Fernseher seit dem Beginn der sechziger Jahre als Grundbedarf in der Haushaltsausstattung etabliert hatte. Allerdings schwieg man tunlichst darüber, daß die technische Qualität und das Aussehen der DDR-Apparate nicht mit den westdeutschen Geräten Schritt halten konnte.

Bei Radiogeräten sah die Versorgungssituation bereits Anfang der sechziger Jahre besser aus. 90 Prozent aller Haushalte in der DDR besaßen bereits mindestens ein Radio. Das waren vorrangig „Super"-Geräte, die für den UKW-Empfang ausgerüstet waren und in den sechziger Jahren durch tragbare Koffer- und Transistorradios ersetzt wurden. Der Versandhandel leistete mit seinen Katalogen Pionierarbeit bei der Verbreitung dieser Geräte und bereitete die Kunden auf neue Hörgewohnheiten vor. Noch bevor sich die tragbaren Klein- und Kleinstrundfunkempfänger auf dem Markt in der DDR etabliert hatten, präsentierte der Katalog 1957 erstmals ein Koffergerät, vorgestellt von einem jugendlichen Model mit Zigarette. Damit war der Kundenkreis für diese Neuerung angesprochen: Vor allem an junge Besteller, also Personen zwischen 15 und 40 Jahren, richtete sich dieses Angebot. Der Bedarf an Kofferradios und Tonbandgeräten nahm ab Ende der fünfziger Jahre rasant zu, denn vor allem jüngere Kunden wünschten für ihre gestiegene Mobilität auch mobile Unterhaltung. Bereits 1961 nannte schon jeder zehnte DDR-Bürger ein Kofferradio sein eigen. Diese Mengenentwicklung entsprach bereits Anfang der sechziger Jahre nicht mehr dem ständig steigenden Bedarf. So konnte der Handel beispielsweise 1960 überhaupt keine Kofferradios anbieten, weil nicht genügend Transistoren für die Produktion dieser beliebten Taschengeräte zur Verfügung standen. Obwohl die Produktion von Kofferradios in der DDR bis 1962 bereits 18 Prozent der gesamten Rundfunkempfangsgeräteproduktion erreicht hatte, war die westdeutsche Industrie auch hier wieder besser, früher und umfassender auf das neue Kaufinteresse eingestellt. Sie produzierte 1962 bereits 44 Prozent Kofferempfänger, was dem gestiegenen Bedarf weit eher entsprach, als die in diesem Prozentsatz von der DDR hergestellten, aber längst nicht mehr nachgefragten „Super"-Modelle.[39] Auch an diesen Sortimenten offenbarte sich die bevorzugte Versorgung des staatlichen Handels vor dem genossenschaftlichen. Während der centrum Versand Leipzig die Geräte bspw. bereits seit den fünfziger Jahren – wenn auch nicht durchgehend – anbieten konnte, fanden die Besteller des konsument-Versandhauses Karl-Marx-Stadt Radios erstmals 1965 im Katalog.

Plattenspieler setzten sich erst in den sechziger Jahren – und nur langsam – als alternatives Musikgerät zum traditionellen Radio durch. Noch 1966 verfügten nur 6,5 Prozent der Haushalte über einen elektrischen Plattenspieler. Und erst zwischen 1970 und 1980 stieg der Ausstattungsrad auf 35,8 Prozent an. Das hatte zum einen damit zu tun, daß preiswerte Geräte zwischen 100,– und 150,– MDN erst ab Mitte der sechziger Jahre auf den Markt kamen. Die älteren Kunden blieben ohnehin lieber bei ihrem bewährten „Super" und sahen kaum die Notwendigkeit, einen „fürs Leben" gekauften Radioapparat nun durch neue Moden zu ersetzen: „Dazu kamen Vorbehalte der Jugendlichen gegenüber dem Repertoire und der Aktualität der Tanzmusikplatten. Folglich kaufen sie auch kein Abspielgerät"[40], mußte man konstatieren. Unter Jugendlichen stieg die Nachfrage erst, als die DDR-Schallplattenindustrie statt der bisher aufgelegten „klassischen Titel" Neuheiten der internationalen Tanzmusikszene preßte, die bis Anfang der sechziger Jahre vor allem über den Rundfunk verbreitet worden waren, was wiederum die Nachfrage nach Kofferradios unter jugendlichen Käufern begünstigt hatte.[41] Tonbandgeräte waren zwar ebenfalls bereits seit den fünfziger Jahren im Angebot zu finden, aber ihr hoher Preis verhinderte eine weitreichende Nutzung. Erst in den siebziger Jahren begünstigte die Bedarfsdeckung bei anderen technischen Geräten und die Verbreitung von selbstbespielten Musikbändern den Kauf dieser Geräte.

Allerdings hatte sich in den sechziger Jahren trotz aller Fortschritte in der Statistik ein neues Problem gezeigt. Die schwerfällige Planwirtschaft vermochte Innovationen im Bereich der technischen Konsumgüter nur schleppend umzusetzen. Zudem blieben die Herstellungskosten selbst in der Massenfertigung unverhältnismäßig hoch. Das bedeutete, daß die Industrie zwar produzierte, die Geräte aber bereits beim Verlassen der Fabriken zu Ladenhütern geworden waren. Die einkommensstarken Haushalte, die sich bis Ende der sechziger Jahre mit technischen Geräten weitgehend ausgestattet hatten, suchten nun nach neuen Sparzielen. Da ihr Bedarf bereits gestillt war, zögerten sie, ihre Ausstattung mit den nicht selten bereits bei der Markteinführung veralteten Geräte zu erneuern. Zeitweilig türmten sich Elektrogeräte mangels unmittelbarer Nachfrage auf Halde, da sie einerseits zu teuer waren und andererseits den technischen An-

Von jetzt an wasche ich die Wäsche

...denn schließlich hat meine Frau das gleiche Recht auf Bildung und Erholung wie ich. Und außerdem: Es macht mir Spaß, mit diesen modernen Geräten zu arbeiten. Verbünden auch Sie sich mit der Haushalttechnik; schenken Sie sich und Ihrer Familie zusätzliche Freizeit. Prüfen Sie das Angebot des CENTRUM-Versandhauses und seine vorteilhaften Bedingungen:

- Frei-Haus-Lieferung (der Termin wird Ihnen vorher mitgeteilt)
- Vorführung oder Erläuterung des gelieferten Gerätes in Ihrer Wohnung
- die Möglichkeit des Abschlusses von Wartungsverträgen
- günstige Teilzahlungsbedingungen.

Größeren Familien und all denen, die den Zeit- und Kraftaufwand für die Wäschepflege auf ein Minimum reduzieren wollen, empfehlen wir die Anschaffung des

Waschautomat WA 68 electronic

in verbesserter Qualität mit 2 Jahren Garantie. Die ausführliche Beschreibung finden Sie unter A auf der nebenstehenden Seite.

A 1450.−

B 290.−

sprüchen der kaufkräftigen Kundschaft nicht mehr entsprachen. Dies zeitigte ungeahnte Folgen. Da das Angebot in manchen Bereichen, rein quantitativ gesehen, ausreichend erschien, sahen die Planverantwortlichen weder Anlaß, noch hatten sie die ausreichenden Ressourcen, um technische Fortentwicklungen zügig in der Produktion umzusetzen. Gleichzeitig begann jedoch – zunächst in den einkommensstarken Haushalten – die Spanne zwischen den zirkulierenden und den auf der Bank befindlichen Geldmitteln immer weiter auseinanderzuklaffen, ohne daß letzteres hinreichend durch das Angebot an Waren abgeschöpft werden konnte. Auf hochwertige Konsumgüter bzw. dem westlichen Entwicklungsstand halbwegs entsprechende Fernseher, Kühlschränke oder Waschmaschinen mußte zum Teil viele Jahre gewartet werden, wobei die Wartezeit mit den Jahren stieg. Schichtarbeiter erhielten Vorzugsanmeldungen, mit denen sie bei einer etwaigen Lieferung in den Verkaufsstellen bevorzugt versorgt wurden. Um den Abkauf von Geräten, die ausreichend in den Geschäften vorhanden waren, zu beschleunigen, setzte man auf die Möglichkeit der Teilzahlung. Das Kalkül ging dahin, daß einkommensstarke Haushalte vor allem die nicht über Teilzahlung erhältlichen technischen Neuerungen erwerben sollten. Die einkommensschwachen Haushalte konnten über die Teilzahlung auf ausreichend vorhandene technisch überholte Artikel verwiesen werden. Neue Absatzmöglichkeiten für langlebige Konsumgüter boten auch die 1971 beschlossenen Kredite für junge Ehepaare, die von da an bereits zum Zeitpunkt der Eheschließung Möbel und technische Haushaltsgeräte in einem weitaus größeren Umfang kaufen konnten als ohne das staatliche Darlehen. Die Bedarfsforscher ermittelten, daß die Erstausstattung der Haushalte durch junge Leute vor allem zum Abkauf von preisgünstigeren Haldemodellen" führen würde, was dem Abbau der vorhandenen Überproduktion zugute kommen sollte. Tatsächlich führten die Kredite bis Ende der siebziger Jahre dazu, daß die Haushaltsausstattung mit technischen Konsumgütern auf durchschnittlich 80 Prozent anstieg. Schon stellten die Wirtschaftsplaner Überlegungen an, daß nach der Sättigung des Grundbedarfs an technischen Konsumgütern die Produktion zugunsten anderer Waren gedrosselt werden könnte. Diese mußten jedoch verworfen werden, da die Geräte nach einer durchschnittlich zehn Jahre dauernden Nutzung ersatzreif wären. Darüber hinaus würden verstärkt von den mit dem Grundbedarf ausgestatteten Haushalten moderne und weiterentwickelte Geräte nachgefragt, argumentierte man. Da die Mehrzahl der Haushalte alsbald ihren Grundbedarf gedeckt hatte, wurden die alten Geräte an die Kindergeneration weitergegeben. Diese wiederum mußte bei der Eheschließung ihren Ehekredit nicht mehr dafür verwenden, sich eine technische Erstausstattung zuzulegen, sondern konnte sich mit ihrem Geld gleich auf die technischen Neuerungen konzentrieren, was wiederum den Druck auf diese in zu geringen Stückzahlen hergestellten Artikel erhöhte.

Hilf Dir selbst

Angesichts der Mängel in der Versorgung verbrachten viele Bürger ihre Freizeit damit, sich selbst zu helfen. Für Heimwerker wurde unter dem Slogan „Hilf Dir selbst" in Son-

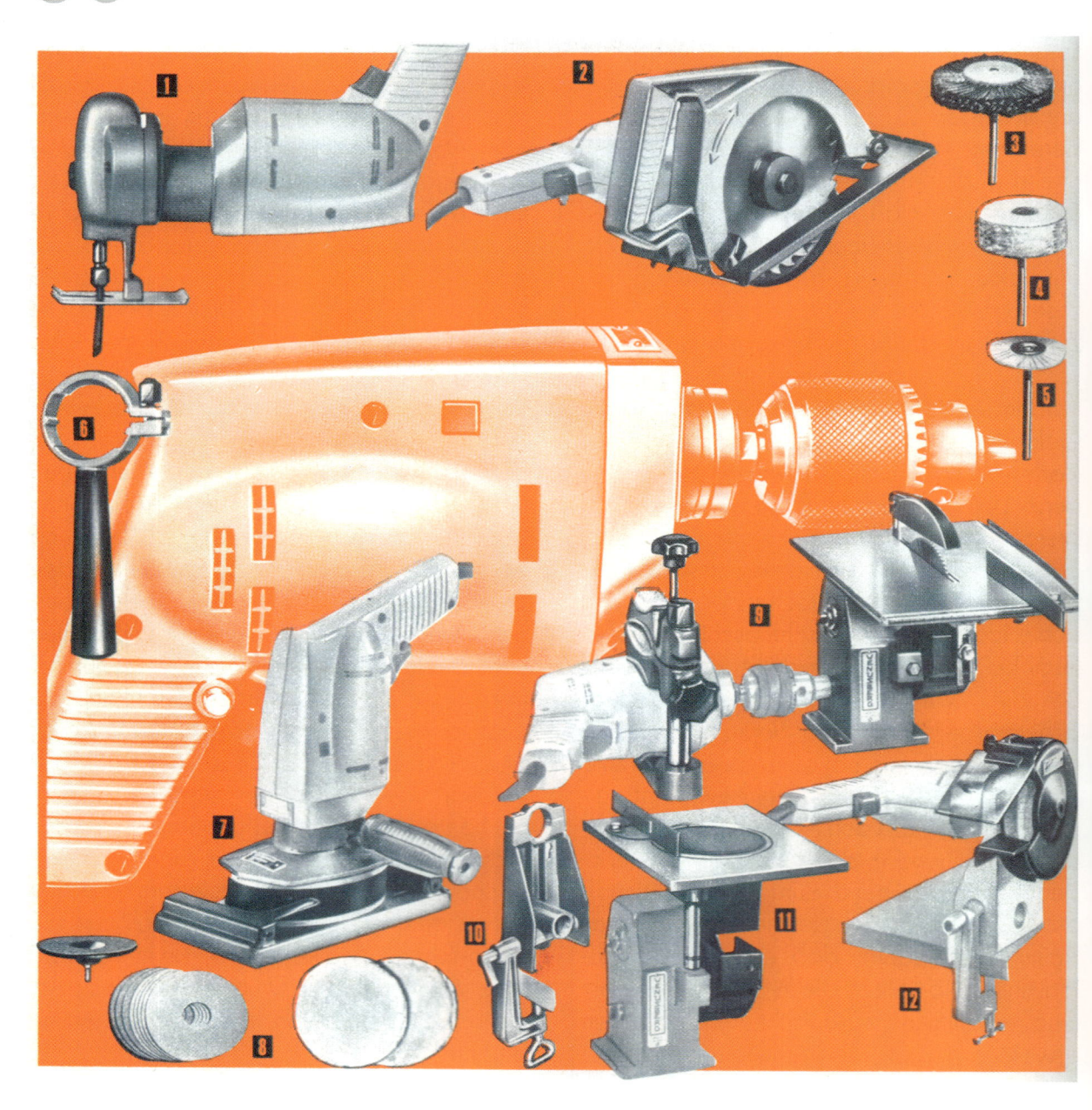

derabteilungen der Kaufhäuser ein umfangreiches Werkzeugangebot für Haus und Garten angeboten. Auch in den Wohngebieten wurden Materialstützpunkte eingerichtet, in denen Werkzeug kostenlos ausgeliehen werden konnte. Die ursprüngliche Idee, durch ein gut ausgebautes Netz an öffentlichen Dienstleistungen solcherlei Arbeiten tatsächlich zum Hobby werden zu lassen, zeitigte nie Erfolge. Vielmehr wurde der Slogan „Hilf Dir selbst" zum bestimmenden Motto vieler DDR-Bürger im täglichen Leben. Klappte es mit dem Kauf der im Geschäft als „Beratungsmuster" ausgestellten Möbel nicht, so konnten die gewünschten Objekte bei einem Tischler oder gar selber angefertigt werden. Frauen verbrachten die Wochenenden damit, für ihre Kinder und sich selbst Bekleidung zu nähen. Auch das Einkochen, das ursprünglich zu den Hausarbeiten hatte zählen sollen, die nur noch als Hobby verfolgt werden würden, nahm im Laufe der Jahre einen immer größeren Raum ein.

Wie in den ersten Nachkriegsjahren erforderte das Leben in der DDR ein hohes Maß an Geschick und Improvisationsgabe nun allerdings auf einem höheren Niveau. Der gewiefte Bastler konnte im Kindersortiment fündig werden. Denn manche Geräte, die es für den normalen Gebrauch nicht zu kaufen gab, fanden sich im Kindersortiment als Spielzeug wieder. So konnten sich die Kleinen an Geräten üben, die die Großen wohl gern besessen hätten, aber nicht kaufen konnten. Dort wurde „für alle Bastler und Heimwerker" die Handbohrmaschine „hobby" angepriesen, die durchaus nicht nur für Kinder geeignet war. Sogar Telephonapparate, die in den sechziger Jahren zu den Luxusartikel zählten und bis zum Ende der DDR zu den Mangelwaren mit fünfzehnjähriger Wartezeit gehörten, konnten mit einer zehn Meter langen Verbindungsschnur als Spielzeug erstanden werden. 1968 wies ein Versandhauskatalog sogar darauf hin, daß das Kindertelephon sich auch als Haus- und Campingtelephon eigne und durchaus funktionsfähig sei.

Die „Meister von morgen" sollten sich spielend auf ihre Aufgaben beim Aufbau des Sozialismus und der modernen DDR vorbereiten können. Neben der Mangelware Waschvollautomat gab es hochmoderne Puppenherde, Computer („Pikodat") und ferngesteuerte Autos oder Raumfahrzeuge. Für Mädchen gab es Haushaltgeräte in Miniaturausführung: Bohnermaschinen, Nähmaschinen, Elektroherde, elektrische Mixer – alles war zu haben. Die Jungen konnten sich als Baumeister des Sozialismus in der Großblockbauweise am Wohnungsneubau versuchen, mit einem Funkgerät für den Einsatz in der Volksarmee üben, mit dem Hochgeschwindigkeitszug „Transitus" über die Schienen rasen oder mit einem vollmechanischen Bagger Sand schaufeln, mit der Kinder-Multimax bohren oder mit dem Mondfahrzeug unbekannte Welten entdecken. Den Kindern sollte die ganze Welt offenstehen. Sie sollten zu den Trägern der gesellschaftlichen Ideale werden.

Von der individuellen Bedürfnisbefriedigung zu den „sozialistischen Errungenschaften"

Zu Beginn der siebziger Jahre mußte sich die SED-Führung eingestehen, daß ihre hochfliegenden Pläne gescheitert waren. Die Einführung des Neuen Ökonomischen Systems (NÖSPL) verbunden mit einer Industriepreisreform in den sechziger Jahren, die zu einem flexiblen Wirtschafts- und Preissystem führen sollten, um die wirtschaftliche Entwicklung der DDR modernen Anforderungen anzupassen, wurde abgebrochen. Die in den sechziger Jahren im Zuge des Neuen Ökonomischen Systems begonnene Preisreform wurde gestoppt, Preiserhöhungen waren von nun an nur noch für neu auf den Markt kommende Produkte möglich. Intern gaben die Parteiführer für die verfehlte Wirtschaftspolitik Walter Ulbricht die Schuld. Er habe mit seinen Plänen die „planmäßig proportionale Entwicklung" der Volkswirtschaft behindert, Schwerpunktbereiche seien zu stark gefördert worden, während die Zuliefer- und Konsumgüterindustrie vernachlässigt worden seien. Er habe versäumt, die noch verbliebenen etwa 11.500 privaten Industrie- und Handwerksunternehmen, die 40 Prozent des Konsumgüterbedarfs herstellten – in Volkseigentum zu überführen. Engpässe und Mangelwaren seien die Folge. Die Westverschuldung sei stark gestiegen. Auch der Wohnungsbau sei grob vernachlässigt worden.

Für die Bevölkerung jedoch waren die zehn auf den Mauerbau 1961 folgenden Jahre nicht die schlechtesten. Die Menschen hatten einen raschen Anstieg ihrer Lebensqualität verzeichnen können. Die Ausstattung der Haushalte mit Fernsehern und Kühlschränken, mit Autos und Waschmaschinen hatte mit durchschnittlich 70–80 Prozent beachtliche Ausmaße erreicht. Die Preise für Nahrungsmittel und Tarife waren weitgehend stabil, Dienstleistungen zumindest in den Städten in ausreichendem Maße erhältlich. Soziale Leistungen waren ausgebaut worden, Polikliniken errichtet, neue Kurheime entstanden, seit Mitte der sechziger Jahre war die 5-Tage-Arbeitswoche eingeführt worden, ein Zugewinn an freier Zeit zu verzeichnen. Aus Sicht der Bevölkerung hätte diese Entwicklung in immer schnellerem Tempo weitergehen können.

Darüber hinaus hatte sich die Bevölkerung auf den Westen als erstrebenswertes Konsumvorbild eingestellt und richtete sich trotz des Mauerbaus weiter am westlichen Lebensstandard aus. Dieser aber hatte Ende der sechziger Jahre als Bezugsgröße der öffentlichen Propaganda ausgedient. Die auf staatlicher Ebene verfolgte Annäherung der beiden deutschen Staaten nährte die Hoffnungen auf eine baldige Normalisierung der Beziehungen, wovon sich die Bürger vor allem Reise- und Alltagserleichterungen in einer deutschen Konföderation erhofften. Aber genau das wollte die SED nicht. Schließlich begleitete sie ihre Deutschlandpolitik mit einer deutlichen Abgrenzung von der bis dahin propagierten gesamtdeutschen Nation, die nicht nur aus dem Verfassungstext verschwand. Auch zahlreiche Institutionen hatten Reminiszenzen an Deutschland aus ihren Namen zu tilgen. Aus dem „Deutschlandsender" wurde die „Stimme der DDR", die Deutsche Akademie der Wissenschaften hieß fortan Akademie der Wissenschaften der DDR. Aus der „DDR als sozialistischem Staat deutscher Nation", wie sie in der Verfassung von 1968 noch geheißen hatte, wurde 1974 „ein sozialistischer Staat der Arbeiter und Bauern".

Auf wenigstens zwei Gebieten scheiterte die SED jedoch in ihrer Abgrenzung gegen den Westen. Trotz fortgesetzter Versuche,

73

Alle Modelle dieser beiden Seiten sind Original-Artikel des Versandhauses Leipzig

⑥ 48.90 DEDERON

⑨ 57.90 DEDERON textur

Ⓐ

⑩ 99.—

⑧ 48.90 DEDERON textur

③ 34.80 DEDERON Mischgewebe

⑤ 142.— IMPORT Sam...

vollsynthetisches Material: waschen, aufhängen, anziehen

SCHLAGER MODELLE

...dell ist zum Saum hin leicht ausgestellt. Blickpunkt ist ... Schleife. Als Material wurde festliches DEDERON-...chgewebe verarbeitet. Schmuck wird nicht mitgeliefert.

...ße:	m 76	m 82	m 88
...Nr.	W 42170	W 42171	W 42172	34.80

„Bantin". Für Damen, die das Romantische lieben, ... eine Bluse aus zarter, duftiger DEDERON-Texturseide. ... Modell in äußerst ansprechender Farbgebung und ...staltung. Den festlichen Charakter unterstreicht ein ...hmeichelndes Fächerjabot. Aktuell und schick ist der ...ine Stehkragen. Farbe: gold. 48.90

...ße:	76	82	88	94
...Nr.	W 42140	W 42141	W 42142	W 42143

„Urte". Das beliebte und jugendlich beschwingte ...

...chelnder Umlegekragen, rückwärtiger Verschluß. Farbe: blau-rosa-orange-beige 57.90

Größe:	m 76	m 82	m 88	m 94	g 82
B.-Nr.	W 43370	W 43371	W 43372	W 43373	W 43374

Größe:	g 88	g 94
B.-Nr.	W 43375	W 43376

⑩ „Angelina". Zarte Farbe, pflegeleichtes vollsynthetisches Material, und als besondere Attraktion ein Gürtel aus weißen schimmernden Perlen, das sind die modischen Details, die dieses jugendliche Festkleid begehrenswert machen. Aktuell ist die körpernahe Silhouette mit der im Vorderteil leicht vertieften Taille und der Mittelfalte. Der Rücken wurde durchgehend geschnitten. Harmonierend zum Gesamteindruck ist ein kleiner sportlicher Kragen und lange Manschettenärmel. Farbe: hellblau. 99.—

Frohe, junge Menschen begeistern sich für Musik. Beachten Sie deshalb bitte in diesem Katalog Seite 84 über den Schallplatten-Versand Leipzig.

das Modeverhalten der DDR-Bürger zu beeinflussen, erwiesen sich diese als resistent gegenüber der sozialistischen Modelinie. Sie orientierten sich lieber an den im Westen wahrgenommenen Modeneuheiten, gegen die alle Erziehungsversuche machtlos waren. Auch hier mußte sich die SED-Führung sagen lassen, „die Bedarfswünsche unserer Menschen auf modischem Gebiet entwickeln sich nicht isoliert von internationalen Veränderungen in der Mode. Ihr Einfluß wirkt über Ländergrenzen hinweg und gestattet keinen anders orientierten ‚Alleingang'."42 Damit war das Scheitern der zu Beginn der sechziger Jahre angestrebten Modeerziehung offiziell erklärt worden.

Nun setzte ein rasanter Aufbruch ein: Die Röcke wagten sich in Richtung Knie, die Hose eroberte die Kleiderschränke, und freie Beine, kurze Hosen oder nackte Oberarme und Bäuche bestimmten das Modebild. Die Forderung, daß die moderne Frau vor allem vollständig angezogen sein sollte, schien darüber auch in Vergessenheit zu geraten. Die Frau in der DDR erschien zu Beginn der siebziger Jahre als anspruchsvoll und verwöhnt, bezaubernd und bildschön, modebewußt, jugendlich, vorteilhaft, kess und entzückend. Sie sollte als „sozialistische Frau" „jung und frisch" sein. Sie hatte den Wandel zur modernen, selbstbewußten und im Arbeitsleben stehenden Frau photowirksam vollzogen.

Ende der sechziger Jahren eroberte ein neues Modesegment den Markt: die Jugendmode. Der Staat DDR hatte die Jugend als wichtigen Politpartner erkannt und bemühte sich seit Beginn der sechziger Jahre um deren Loyalität. Besondere Jugendangebote wie das Jugendradio DT 64 – nach seinem Gründungsjahr 1964 benannt –, Jugendklubs und die Einführung der Jugendmode in Spezialverkaufsstellen waren hierfür Belege. Ab 1969 war die Jugendmode mit einer eigenen Abteilung in allen größeren Kaufhäusern präsent. Mit ihren eigens für Jugendliche entworfenen Modellen versuchte sie, den an westlichen Modeentwicklungen ausgerichteten Jugendlichen einen „Modekompromiß" anzubieten, der einerseits die westlichen Linien aufgriff und sie sozialismusgerecht umsetzte. Inzwischen hatte sich mit dem amerikanischen Woodstock die Hippiebewegung auch in Westeuropa ausgebreitet; die Haare wurden länger, die Röcke kürzer, die Hosenbeine breiter, die Musik lauter – und all das machte keineswegs an der deutsch-deutschen Grenze halt, sondern fand über die verfemten Westsender sehr wohl seinen Weg in ostdeutsche Konsumentenherzen. „Fesch und frei" titelte der konsument 1972 seine Sommerkollektion und gab damit dem aktuellen Lebensgefühl, das sich auch in Filmen der Defa wie „Die Legende von Paul und Paula" äußerte, seinen Namen. Langhaarige Models bei Frauen und Männern bestimmten nun das Erscheinungsbild. Die erste „Niethose" – eine höchst unvollkommene Nachbildung westlicher Jeans, die verpönt waren und den Anlaß für Relegationen von der Oberschule in der DDR abgaben – fand sich bereits 1966 in einem centrum-Katalog. Bis 1975 mutierte die Niethose zur „Freizeithose". Anfang der siebziger Jahre gestattete die SED-Führung der Jugend sogar, die noch wenige Jahre zuvor mit harten Strafen sanktionierten Jeans in der DDR kaufen zu können. Hunderttausende von Import-Jeans der Marke Wrangler fanden ihren Weg in die Geschäfte der DDR. Sogar eine eigene Jeans-Produktion – deren Akzeptanz unter der Bevölkerung jedoch unter der nur

CENTRUM Versandhaus
Katalog Frühjahr Sommer '72

75

Frühjahr · Sommer 1973

CENTRUM Versandhaus

KATALOG

X. Weltfestspiele der Jugend und Studenten · Berlin 1973

mangelhaften Imitation des Originals litt – wurde aufgenommen.

Allen Erziehungsversuchen der sechziger Jahre zum Trotz, träumten die Bürger in der DDR noch immer von einem einigen Deutschland und westdeutschen Lebensverhältnissen. Sie hatten die in den fünfziger Jahren gesetzten Maßstäbe und die damals gegebenen Versprechen nicht vergessen. Nun sollte sie verstärkt die „sozialistischen Errungenschaften" in den Blick nehmen. Die DDR-Führung hatte aufgrund ihrer eigenen Lebenserfahrungen ein einfaches Sozialismus-Modell entwickelt. Danach brauchten die Menschen vor allem eine trockene und warme Wohnung, billige Grundnahrungsmittel und Arbeit. So ausgestattet, würde sich der sozialistische Aufbau praktisch von selbst vollziehen und zu einer allgemeinen Zufriedenheit führen. Die auf dem VIII. Parteitag 1971 verkündete Hauptaufgabe setzte auf die „weitere Erhöhung des materiellen und kulturellen Lebensniveaus des Volkes auf der Grundlage eines hohen Entwicklungstempos der sozialistischen Produktion, der Erhöhung der Effektivität des wissenschaftlich-technischen Fortschritts und des Wachstums der Arbeitsproduktivität".[43] Zwar hatte Erich Honecker mit seiner Rede auf dem VIII. Parteitag versucht, die kühnsten Erwartungen zu dämpfen. Er erklärte, es könne nur das verbraucht werden, was zuvor produziert worden sei. Allerdings kam diese Botschaft bei der Bevölkerung anders an, als sie gemeint war. Diese entnahm der Bestandsaufnahme vor allem zwei Punkte: Die Versorgung mit Konsumgütern würde verbessert und der Wohnungsbau gefördert werden. Die als sozialistische Errungenschaften gepriesenen Sicherheiten galten längst als selbstverständlich. Die Menschen schlußfolgerten, daß nach den Aufbaujahren mit seinen ständigen Verweisen auf das morgige Wohlleben nun die Zeit der Ernte gekommen sei. Daß sich damit an der wirtschaftlichen Grundlage nichts oder nur wenig ändern würde, wurde kaum zur Kenntnis genommen.

Hatte die DDR schon in den sechziger Jahren mit Ulbrichts ehrgeizigen Projekten, die die DDR an die Weltspitze befördern sollten, eine über ihren Möglichkeiten liegende Wirtschaftspolitik verfolgt, so schlug sie nun einen nicht minder gefährlichen Weg ein. Denn die Erwartungen der Bevölkerung an ihr Lebensniveau stiegen weiter. Und die SED bemühte sich nach Kräften, diese Erwartungen zu erfüllen. Der Preisstopp wurde als sozialpolitische Maßnahme verkauft, Rentenerhöhungen 1972 gewährt und Fördermaßnahmen für berufstägige Mütter verabschiedet.

Zum Kernstück der SED-Sozialpolitik wurde auf der 10. Tagung des Zentralkomitees der SED im Oktober 1973 das Wohnungsbauprogramm ernannt. Der unter Walter Ulbricht vernachlässigte Wohnungsbau sollte nun verstärkt in den politischen Blick genommen werden, das Wohnungsproblem als soziales Problem bis 1990 gelöst sein. Bis dahin sollte nicht mehr jeder nur eine Wohnung, sondern seine Wohnung bewohnen.

Das moderne und behagliche Heim

In der DDR waren – wie in ganz Deutschland nach dem Kriege – etwa 65 Prozent des Wohnungsbestandes in den Städten zerstört. Bei einem geschätzten Wohnungsbestand von etwa 4.060.000 Wohnungen auf dem Gebiet der DDR waren 650.000 Wohnungen völlig zerstört, 757.000 galten als leicht bis mittelschwer beschädigt. Im Vergleich zum Vorkriegsstand fehlten etwa 12 Prozent Wohnraum. Verschärft wurde diese Situation durch die Millionen Flüchtlinge und Vertriebene, die aus ehemaligen deutschen Gebieten nach westlich der Oder-Neiße-Linie gezogen waren. Um dieser prekären Situation Herr zu werden, wurden in der SBZ/DDR wie überall in Deutschland Wohnunterkünfte notdürftig instand gesetzt und jeder verfügbare Raum genutzt. Die Kriegszerstörungen und die Ansiedlung von etwa drei Millionen Flüchtlingen und Vertriebenen führten zusammen mit der Vernachlässigung des bestehenden Wohnungs- und Hausbestandes vor allem in den Städten dazu, daß hunderttausende Wohnungen fehlten.

Um Spekulationen mit der Wohnungsnot zu verhindern, wurde der freie Wohnungsmarkt

Erstes Erfurter Wohngebiet in Plattenbauweise 1966.

(Foto: Stadtarchiv Erfurt)

aufgelöst. Die Vergabe von Wohnraum erfolgte nach Dringlichkeitskriterien über zentrale Stellen und Ämter, bei denen die Bürger einen Antrag auf Wohnraumzuweisung stellen konnten.

Bereits 1953 hatte es geheißen: „Besser leben – schöner wohnen". Fünf Jahre später beschloß der V. Parteitag das „Wohnungsbauprogramm des Sieben-Jahrplans", mit dem Hunderttausende neuer Wohnungen erbaut werden sollten. Auf der 3. Baukonferenz 1960 benannte Walter Ulbricht den Wohnungsbau als eines der Gebiete, auf dem die Bundesrepublik im Systemvergleich zu überholen war. Und tatsächlich konnte die DDR auch hier bis 1961 erste Erfolge vorweisen. Zwischen 1950 und 1961 wurden über 550.000 Wohnungen instand gesetzt oder neugebaut. Aber angesichts des in die Millionen gehenden Bedarfs war das zu wenig.

Im Zuge der Umstrukturierungsprogramme der Wirtschaft durch das NÖSPL in den sechziger Jahren wurde zu Lasten des Wohnungsbau auf andere Industriezweige gesetzt, die die SED-Wirtschaftsführung für wichtiger hielt, um Anschluß an die Weltspitze zu halten. Die bestehende Wohnungsnot verschärfte sich wieder, zumal nicht nur der Wohnungsneubau gedrosselt wurde, sondern auch die Instandhaltung alter Bausubstanz hintangestellt wurde.

Zu Beginn der sechziger Jahre gab es etwa 600.000 Anträge auf Zuweisung einer Wohnung. Die Zahl der Wohnungssuchen-

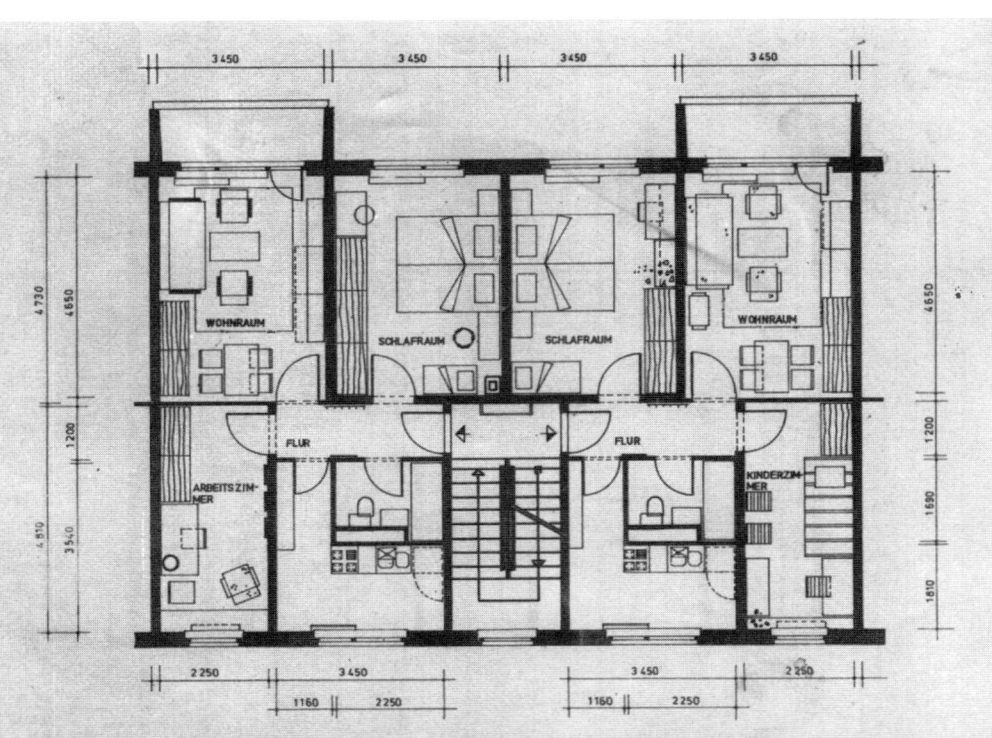

Plattenbauweise (5geschossig). Möblierungsvorschläge für 3-Raum-Wohnungen
Durch Bautoleranzen können die angegebenen Maße geringfügig abweichen

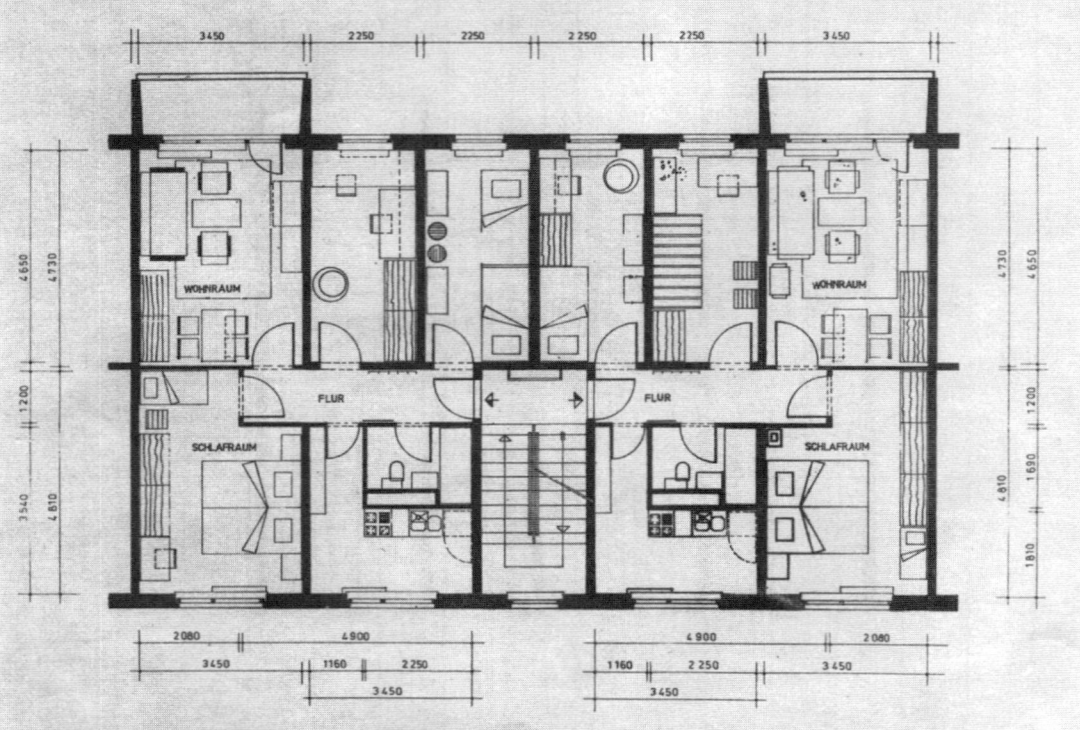

Plattenbauweise (5geschossig). Möblierungsvorschläge für 4-Raum-Wohnungen
Durch Bautoleranzen können die angegebenen Maße geringfügig abweichen

den verringerte sich bis 1989 jedoch trotz des ab 1971 zum Kernstück der Sozialpolitik erhobenen Wohnungsbaus nicht, denn der Verfall des alten Wohnungsbestandes machte immer mehr Bürger zu Wohnungssuchenden.

Um in den Genuß einer warmen und trockenen Wohnung zu kommen, mußten sich die Wohnungssuchenden auf dem Wohnungsamt melden. Nach oft mehrjähriger Wartezeit – wobei junge Familien bevorzugt mit Wohnraum versorgt wurden – erfüllten sich dann für viele Familien ihre Träume von einem warmen und trockenen Heim, indem sie eine Neubauwohnung zugewiesen bekamen. Angesichts der ehrgeizigen Baupläne blieb kaum Kapazität für die Reparatur und Renovierung der alten Bausubstanz übrig, die zu 45 Prozent aus Bauten bestand, die noch vor der Jahrhundertwende errichtet worden waren. Nur 10 Pozent der Wohnungen waren nach 1945 entstanden.

1971 zeichnete sich mit der Verkündung des Wohnungsbauprogramms endlich eine Wende ab. Erst 1979 erreichte der Wohnungsbau in der DDR wieder das Niveau von 1961, und bis 1989 schaffte es die DDR tatsächlich, 1,8 Millionen neuer Wohnungen zu erbauen. Allerdings wurde dafür ein hoher Preis gezahlt. Die alte Bausubstanz verfiel weiter, an den Peripherien der Städte, deren Stadtkerne zunehmend entwohnt und baufällig waren, entstanden riesige Schlafstädte, die oftmals wegen der fehlenden Mittel und Baukapazitäten längere Zeit auf die nötige Infrastruktur wie Verkehrsanbindung an die Städte, Kindertagesstätten, Einkaufs- und Dienstleistungsmöglichkeiten sowie Kultureinrichtungen warten mußten. Auch die Qualität der Wohnungen ließ zu wünschen übrig. Das massenhafte Bauen forderte seinen Tribut bei der Wohnungsqualität, die bei den vorhandenen Wohnungen vielfach nicht modernen Ansprüchen entsprach.[44] In den siebziger Jahren verfügten nur etwa 20 Prozent der Wohnungen über Fernwärme oder Warmwasser. Durch den starken Neubau konnte diese Quote bis 1989 auf ca. 60 Prozent erhöht werden. Dabei klaffte jedoch zwischen den neugebauten Wohnungen und den Altbauten ein immer größerer Unterschied.

So hatte 1969 noch jeder vierte DDR-Haushalt keinen Wasseranschluß in der Wohnung, in jeder dritten Wohnung befand sich die Toilette außerhalb des Wohngebäudes. Nur 38 Prozent der Wohnungen verfügten über ein Innen-WC, das wiederum nur in 50 Prozent dieser Fälle eine Wasserspülung hatte. 1989 hatte sich dieses Verhältnis durch die Vielzahl neugebauter Wohnungen verbessert. Nunmehr verfügten 82 Prozent der Wohnungen über Bad oder Dusche, die in den Altbauwohnungen oftmals in der Küche stand, und 76 Prozent der Wohnungen hatten nunmehr ein Innen-WC. Auch die Ausstattung mit Steckdosen ließ zu wünschen übrig. Vor allem auf dem Land und in den Altbauten stammte das Netz der elektrischen Leitungen oftmals noch aus der Vorkriegszeit und war für den Betrieb energieintensiver technischer Hausgeräte nicht ausgelegt. Auch die Anzahl der Steckdosen war dementsprechend unzureichend. Zu dieser ungünstigen sanitären Ausstattung der Wohnungen kam die hohe Belegungszahl der Wohnungen, in denen sich im Schnitt zwei Personen einen Raum teilten. Bis in die sechziger Jahre hinein mußten sich vor allem in den Städten oft mehrere Familien eine Wohnung teilen. Durchschnittlich wohnten 1961 3,1 Personen in einer Wohnung, wobei jedem 16,7 qm Wohnfläche (inklusive Bad und Küche) zur Verfügung standen. Hinzu kam, daß die durchschnittliche Wohnungsgröße mit 65 qm für 3-4 Personen knapp bemessen war. Allerdings erhöhte sich zwischen 1971 und 1976 die pro Person verfügbare Wohnfläche von 20,6 qm auf 37,6 qm.

Obwohl sich für Hunderttausende Bürger jedes Jahr die Wohnbedingungen verbesserten, nahm die individuelle Zufriedenheit mit den Wohnverhältnissen jedoch nicht nennenswert zu. Eine 1979 hierzu angefertigte Untersuchung zeigt, daß die gestiegene Wohnqualität auch die Ansprüche in die Höhe schraubte. Statt der erhofften zunehmenden Zufriedenheit zeigte sich, daß die Unzufriedenheit gestiegen war. Vor allem bemängelten die Bürger die zu geringe Anzahl der Wohnräume, den mangelnden Komfort und die geringe Wohnfläche. Diese lag mit 65 qm pro Wohnung 20 qm unter dem bundesdeutschen Durchschnitt.[45] Daß diese bekannten Mängel nicht so schnell behoben werden konnten, hatte auch in diesem Bereich mit Fehlplanungen und den durch ständig steigende Subventionen künstlich niedrig gehaltenen Mieten zu tun, die auf dem Stand von 1936 eingefroren worden waren. So zahlte eine Familie durchschnittlich lediglich drei bis fünf Prozent ihres monatlichen Verdienstes für die Miete. Mietpreise lagen zwischen 0,80 und 1,20 Mark pro qm. Mieten zwischen 30 und 60 Mark waren die Regel.

Die veränderten Wohn- und Lebensbedingungen brachten auch Änderungen in der Möblierung und im Wohnverhalten mit sich. Durchschnittlich drei Prozent des Einkommens – das entsprach etwa 380 Mark im Jahr – wurden für Möbel ausgegeben.

Das Möbelangebot in den fünfziger Jahren bestand vor allem in aus Massivholz gefertigten traditionellen „Garniturmöbeln" für Wohn- und Schlafzimmer, die in der Regel „auf Lebenszeit" angeschafft wurden. Die zu Beginn der sechziger Jahre in Plattenbauweise errichteten Wohnungen, deren durchschnittliche Wohnfläche für eine Familie bei etwa 65 Quadratmetern lag, erforderte paßgerechte Möbel, die den Anforderungen des „modernen Wohnens" entsprachen. Aus dem gemütlichen Wohnen der fünfziger Jahre wurde das moderne Wohnen der sechziger. Die Möbel aus massivem Holz wichen nach und nach den aus foliebeschichteten Holzplatten bestehenden Anbaumöbeln.

Zu Beginn der sechziger Jahre wurden vom Kleinmöbel über Küche, Wohnzimmer, Schlafzimmer mit passenden Polstermöbeln in verschiedenen Kombinationen als Liege- Sitz und Schlafmodell bis hin zu Badmöbeln komplette Einrichtungen angeboten. Möbel in ausbaufähiger und komplettierbarer Leiter- sowie Montagebauweise, die ab 1968 vorerst nur in Großstädten verkauft wurden, sowie Schrankwände standen im Vordergrund. Die Anbauwand ersetzte den kompakten Wohnzimmerschrank. Zerlegbare, klappbare, platzsparende Möbel waren gefragt, mit denen in den genormten Kleinwohnungen jeder Zentimeter „Stellfläche" so optimal wie möglich genutzt werden konnte. Der Wohnungsgröße mußte durch entsprechend mulitfunktional nutzbare Möbel und höchstmögliche Platzersparnis Rechnung getragen werden. Die Küchen zeigten sich in zartrosa, himmelblau, lindgrün oder hellgelb.

Kombinierfähige Möbel wurden unter dem Motto „Immer aktuell – für jede Wohnung passend" beworben, das auf die steigende Mobilität der jungen Generation anspielte, die bei Bedarf ihren Arbeits- und Wohnort in regelmäßigen Abständen wechselte. Krönung der Flexibilität war der Umzug nach Berlin, um hier an einem der vielen in den siebziger und achtziger Jahren ins Leben gerufenen „Jugendprojekte" zur Verschönerung der Hauptstadt mitzuwirken. Die vorgestellten Möbel glichen der in „Gebrauchsanleitungen für Neubauwohnungen" vorgegebenen Mustereinrichtung. Die Kunden wünschten sich, daß die Möbel eine individuelle Raumnutzung ermöglichen sollten, da durch den Grundriß der genormt gebauten Neubauwohnungen die Aufteilung in Schlaf- und Wohnzimmer einheitlich vorgegeben war. Für bestimmte Wohnungsgrundrisse ähnelte die Wohnungseinrichtung mit Anbaumöbeln wie ein Ei dem anderen.

Dieser aus wohnraumökonomischen Erwägungen notwendige Wandel in der Möblierung vollzog sich nicht problemlos. In einer 1972 rückblickend für die sechziger Jahre vorgelegten Studie über die Veränderungen bei der Möbelnachfrage mußten die Forscher feststellen, daß das „über längere Zeit hindurch nicht völlig bedarfsgerechte Möbelangebot im Einzelhandel" denkbar ungünstige Bedingungen für die Verbreitung der Anbaumöbel und das moderne Wohnen bot. Auch die Katalogangebote versprachen wie immer mehr, als sie halten konnten. Denn so wie der Einzelhandel viele Möbel nur als „Beratungsmuster" zeigte, mußte auch der Versandhandel Absagen verschicken. „Infolge des hohen Dringlichkeitsgrades der Möbelanschaffungen" – denn wer wollte schon monatelang in einer halbleeren Wohnung hausen? – wären die Kunden gezwungen, auf die reichlich vorhandenen veralteten Garniturmöbel zurückzugreifen, „die nicht völlig ihren Wünschen und Vorstellungen entsprechen".[46] Auch das Teilzahlungssystem wurde hier einmal mehr seinem Ruf gerecht, ein Instrument für den Abbau von schwer verkäuflichen Haldeprodukten zu sein. So konnten zwar die längst nicht mehr gefragten und für Neubauwohnungen viel zu großen Garniturmöbel auf Teilzahlung erworben werden, moderne und gefragte kombinierfähige Möbel hingegen nicht. „Auf Grund der gültigen Teilzahlungsnomenklatur konnten An-, Aufbau- und Montagemöbel im Prinzip nicht auf Teilzahlung gekauft werden", befand die Studie.[47] Für den Abkauf von Möbeln spielten auch die 1972 beschlossenen Kredite für junge Ehen eine Rolle, da diese nun bereits zum Zeitpunkt der Eheschließung langlebige Konsumgüter – Möbel und technische Haushaltsgeräte – in einem weitaus größeren Umfang erwerben konnten als ohne das staatliche Darlehen. Die Erstausstattung der Haushalte würde dabei durch junge Leute auch bei Möbeln vor allem zum Abkauf von preisgünstigeren „Haldemodellen" führen, was dem Abbau der hier vorhandenen Überproduktionen zugute kommen sollte.

Anfang der siebziger Jahre konnten die Marktforscher der DDR melden, „daß sich in den zurückliegenden Jahren bereits grundlegende Wandlungen in den Einstellungen der Bevölkerung auf dem Gebiet der Wohnraummöbel vollzogen haben."[48] Hier hatten sich moderne, kombinier- und erweiterungsfähige Möbel durchgesetzt. In einer Studie des Instituts für Marktforschung aus dem Jahre 1972 hieß es rückblickend: „Im Rahmen dieser Entwicklung wird immer mehr eine weitgehende Übereinstimmung zwischen den funktionellen Aufgaben der Wohnungseinrichtungs- und Ausrüstungsgegenstände und deren kulturell-ästhetischen Aufgaben angestrebt. Das bedeutet, daß die Konsumgüter immer mehr vom Standpunkt der Zweckmäßigkeit beeinflußt werden, daß zugleich aber auch die vom ästhetischen Empfinden diktierten Ansprüche wachsen. Auf dem Gebiet der Wohnraummöbel bedeutet diese Entwicklung, daß sich die bereits gegenwärtig abzeichnenden quantitativen und qualitativen Nachfrageveränderungen weiter durchsetzen werden. Das heißt, es ist damit zu rechnen, daß verstärkte Anforderungen auftreten hinsichtlich

– einer zweckmäßigen und ästhetischen Formgestaltung und auch Farbgebung,
– eines dem Ausstattungsvolumen mit anderen Konsumgütern wie Textilien, Büchern, Schallplatten usw. entsprechenden fassungsvermögens der Schrankmöbel,
– einer Mehrzeckverwendung bestimmter Möbelarten (z. B. Schrankmöbel fürs Wohn-, Arbeits- und Jugendzimmer),
– einer rationallen Raumnutzung und zugleich individuellen Gestaltung der Räume sowie
– einer kontinuierlichen Ergänzung und Komplettierung vorhandener Möbelbestände."[49]

Motorisierung

Angesichts der Anfang der siebziger Jahre erwarteten Verbesserung im Lebensstandard prognostizierten die Marktforscher der DDR, daß mit der zunehmenden und bald erreichten Befriedigung der Bedürfnisse in der Haushaltsausstattung sich nunmehr die Sparziele und Konsumbedürfnisse auf größere Ziele, wie das Häuschen im Grünen und vor allem das eigene Auto, konzentrieren würden.

simson mofa 1s

Motorfahrrad „Simson mofa 1 S" mit Vorderradschwinge und Gepäckträger, 1,6 PS Motorleistung bei 4 000 U/min, 49,6 cm³ Hubraum, 30 km/h Höchstgeschwindigkeit, 2 l/100 km Kraftstoffverbrauch. In den Farben Rot und Blau lieferbar, auch auf Teilzahlung!
BNr. M 98553
M 695,— abzüglich M 100,— Sonderrabatt = M 595,—

Bitte hierfür eine gesonderte Bestellkarte verwenden

Während in den fünfziger Jahren nur etwa 2,5 Prozent der Haushalte über einen PKW (und ca. 15 Prozent über ein Moped oder Motorrad) verfügten, erhöhte sich dieser Grad der Ausstattung in den sechziger Jahren auf etwa 5 Prozent und in den siebziger Jahren auf 15 Prozent. Bereits 1980 hatte die Ausstattung mit PKW 38 Prozent und 1989 57 Prozent erreicht. Zum Ende der DDR verfügte also etwa jeder zweite Haushalt über ein Auto. Das beliebteste (oder besser) am weitesten verbreitete Auto war der Trabant, gefolgt vom Wartburg. Beides waren Wagen aus einheimischer Produktion.

Unter dem Stichwort „Personenbeförderungsbedürfnisse" beobachteten die Ökonomen in der DDR seit den sechziger Jahren mit zunehmender Sorge Strukturverschiebungen hin zu den „individuellen Verkehrsmitteln". Denn auch hier konnte die Produktion nicht mit den rasant wachsenden Bedürfnissen und finanziellen Möglichkeiten der Bürger mithalten. Zwar hoffte man, über die bekannten langen Wartezeiten die freien Geldmittel langfristig zu binden und somit Währungs- und Warenturbulenzen vorzubeugen. Dadurch wurde einerseits der Kauf anderer Produkte gebremst und andererseits die Überalterung der Haushaltsausstattung forciert. Autos, auf die im Durchschnitt zehn Jahre und mehr gewartet werden mußte, wurden 15–20 Jahre gefahren. Aber die stetig wachsenden Geldmittel der Bevölkerung, die über das normale Angebot nicht sinnvoll gebunden werden konnten, hingen wie ein Damoklesschwert über der DDR.

Tarife im öffentlichen Nahverkehr waren subventioniert und mit 10–20 Pfennig bis zum Untergang der DDR unverändert stabil. Auch die Preise für Bus- oder Bahnfernverkehr wurden gestützt und niedrig gehalten. Es gab ein ausgebautes öffentliches Transportsystem, dessen Qualität allerdings zu wünschen übrig ließ. Durch die hohen Preissubventionen waren die Einnahmen gering, was wiederum notwendige Modernisierungen verhinderte. Verspätungen, ungeheizte und unsaubere Züge, Fahrplanausfälle waren an der Tagesordnung.

Die Unsicherheit und Unbequemlichkeit des öffentlichen Personenverkehrs wirkten hier ebenso wie Prestige- und Modernitätsgründe auf die Wünsche der Bevölkerung nach wachsender individueller Mobilität.

In den fünfziger Jahren bewegten sich die zurückgelegten Straßenkilometer in bescheidenem Rahmen. Man brauchte das Auto vor allem, um zur Arbeit oder einmal im Jahr in den Urlaub zu kommen. Mit zunehmender Freizeit änderten sich auch hier Bedürfnisse und Verhalten. So verdoppelten die DDR-Bürger zwischen 1960 und 1970 die individuell zurückgelegten Personenkilometer von 49 309 auf 77 350 Millionen, während die mit öffentlichen Verkehrsmitteln zurückgelegten Kilometer nur um 16 Prozent stiegen.

Das Jahrzehnt der Krisen – „Noch nie bereitete der Einkauf soviel Verdruß und Mühe wie in jüngster Zeit"[50]

Nur allzubald mußte die DDR-Führung spüren, daß sie nicht nur mit den Unwägbarkeiten im eigenen Land konfrontiert war. Die rohstoffarme DDR, die auf Importe aus der Sowjetunion angewiesen war, bekam die Grenzen ihres wirtschaftlichen Wachstums und Wohlergehens weitgehend von der Sowjetunion diktiert. Die Ölkrise und die durch sie verursachte Weltmarktkrise waren nicht ohne Auswirkungen auf die im „Rat für gegenseitige Wirtschaftshilfe" (RGW) zusammengeschlossenen sozialistischen Staaten geblieben. Die Sowjetunion erhöhte 1976 die Preise für ihre Erdöllieferungen und reduzierte gleichzeitig die Menge des exportierten Erdöls, was in den von ihren Rohstoffexporten abhängigen sozialistischen Staaten für wirtschaftliche Turbulenzen sorgte. Diese wiederum hatten dem wirtschaftlich und politisch wenig entgegenzusetzen und konnten zusehen, wie sie die dadurch entstandenen Nachteile ausglichen. Die neuerliche Krise hatte jedoch nicht nur ökonomische Ursachen. So zeigte sich nach Abschluß der Verhandlungen in Helsinki und der Unterzeichnung der Schlußakte, daß die stillen Hoffnungen auf eine Öffnung der DDR nach Westen hin nun vollends zerschlagen waren. Die DDR-Führung enthielt ihren Bürgern den genauen Wortlaut der Schlußakte, der auch Reise- und Ausreiseerleichterungen festschrieb, vor.

Am 16. November 1976 meldeten die Nachrichtenagenturen, daß Wolf Biermann wegen seines „feindlichen Auftretens" die Staatsbürgerschaft der DDR entzogen worden sei und ihm die Wiedereinreise nach seiner Konzerttournee nach Westdeutschland nicht mehr gestattet werde. Doch das Kalkül der Machthaber der SED, daß die Bevölkerung diesen Schritt wie meist hinnehmen würde, erfüllte sich nicht. Namhafte Künstler und Intellektuelle protestierten gegen die Ausbürgerung und erklärten sich mit Biermann solidarisch. Es hagelte Haft- und Parteistrafen, Ausschlüsse aus der SED oder Verbänden, Publikationsverbote und Schikanen aller Art.

Die Ausbürgerung Biermanns war jedoch mehr als nur ein neuerliches Anziehen der kulturpolitischen Daumenschrauben und Demonstration der Macht. Statt die innenpolitische Lage zu entspannen, provozierte sie den schlimmsten intellektuellen Aderlaß der ohnehin durch die Abwanderung von ca. vier Millionen DDR-Bürgern seit 1949 geschwächten DDR. Die SED-Führung geriet nicht nur bei den Intellektuellen unter Druck. Auch die politisch und ökonomisch umworbene Jugend, deren Loyalität man mit vielerlei materiellen Anreizen versucht hatte zu kaufen, wandte sich resigniert mehr und mehr von der „Partei der Arbeiterklasse und Interessenvertreterin des gesamten Volkes" ab.

Der Zusammenhang zwischen Preissteigerungen auf dem Weltmarkt, Mangelerscheinungen in der DDR und der wachsenden Unzufriedenheit der Bürger zeigte sich 1977 mit der sog. „Kaffeekrise" besonders deutlich. Seit Honeckers Machtantritt hatte sich die Auslandsverschuldung der DDR um ein Vielfaches erhöht. Das Politbüro suchte angesichts der steigenden Weltmarktpreise und der Exportschwäche der DDR-Wirtschaft nach Wegen, um über die Drosselung von Importen die Verschuldung abzubauen. Für den Import von Kakao- und Kaffeerzeugnissen gab die DDR jährlich etwa 150 Millionen Valuta-Mark aus. Als die Kaffeepreise 1976 dramatisch anstiegen, mußte die DDR nunmehr fast 700 Millionen Mark für Kaffeeimporte ausgeben. Um die

Auslandsverschuldung nicht weiter steigen zu lassen, beschloß die SED-Führung die Importe von Nahrungs- und Genußmitteln zu drosseln und die dringend benötigten Devisen für die Einfuhr von Rohstoffen zu sparen. Die bis dahin angebotenen Kaffeesorten wurden auf eine Sorte „Rondo" reduziert. Diese kostete statt 15 Mark pro 250 g nunmehr 30 Mark pro 250 g. Außerdem kam eine neue Mischkaffeesorte auf den Markt. Von weiteren Maßnahmen – wie etwa der Zuteilung von Kaffee – sah die SED ab: „Auf eine Kontingentierung beim Verkauf von Röstkaffee im Einzelhandel ist zu verzichten, da eingeschätzt werden kann, daß durch die Erhöhung des Kaffeepreises um ca. 100 % ein Rückgang des Kaffeeverbrauchs um ca. 25–30 % zu erwarten ist. Weiterhin ist damit zu rechnen, daß durch diese Maßnahmen eine Zunahme der Versorgung der DDR-Bevölkerung durch andere Quellen, wie z.B. durch grenzüberschreitenden Päckchen- und Paketverkehr und beim Abkauf im Intershop [...] erfolgen wird. [...] In Betrieben, Verwaltungen, Institutionen usw. sowie für Repräsentationszwecke ist der Verbrauch von Kaffee generell zu untersagen."[51]

Die Bevölkerung nahm diesen Angriff auf ihren Lebensstandard nicht unwidersprochen hin. Es hagelte Eingaben und Drohungen. Denn immerhin gehörten Genußmittel zu einem wichtigen Posten bei der Bestimmung des Lebensniveaus. Da der Bedarf an Grundnahrungsmitteln seit den sechziger Jahren als gesichert galt und in diesem Bereich durch fehlende Sortimente wie Obst und Gemüse oder Fisch keine Kaufkraftverlagerungen mehr zu erwarten war, legte die Bevölkerung ihr durch Einkommenserhöhungen gestiegenes Gehalt zunehmend in Genußmittel an. Süßwaren, Tabak, Kaffee und Alkohol rückten ins Zentrum des Interesses.

Der Verbrauch an Bohnenkaffee näherte sich in den siebziger Jahren dem gesundheitsschädigenden Bereich. Denn trotz eines stark überteuerten Preises – der zur Regulierung der Nachfrage beitragen sollte – gehörte Kaffee zu den wichtigsten Ausgabenposten. Etwa vier Prozent des gesamten Einzelhandelsumsatzes – bzw. 20 Prozent des Umsatzes bei Genußmitteln – entfielen auf Kaffee.[52] So erhöhte sich der Verbrauch an Kaffee zwischen 1960 von 1,1 kg bis 1989 auf 3,6 kg, wobei hier die umfänglichen privaten Einfuhren in der offiziellen DDR-Statistik natürlich nicht berücksichtigt wurden. (Immerhin deckten diese 18 Prozent des Gesamtverbrauchs der DDR.) Kaffee zählte gar zu den stärksten Posten im Haushaltsbudget der DDR-Haushalte. 3,3 Milliarden Mark gaben die DDR-Bürger pro Jahr für den Kaffeekonsum aus, fast ebensoviel wie für Möbel und etwa das Doppelte, was sie für Schuhe zahlten.

Alarmierend stieg auch der Verbrauch von Alkoholika, dessen Konsum „gesundheitsgefährdende Ausmaße", die einer „internationalen Spitzenposition gleichkommen", angenommen hatte und „in gesellschaftlich akzeptierbare Bahnen" gelenkt werden mußte.[53] Beim Verbrauch von reinem Alkohol sah es noch drastischer aus. DDR-Bürger tranken 1960 4,1 Liter und 1989 10,9 Liter reinen Alkohols. Umgerechnet in handelsübliche Alkoholsorten tranken sie also durchschnittlich 146 Liter Bier und 15,5 Liter Schnaps im Jahr.[54] Auch hier hoffte man – vergeblich – mit dem Mittel der Preisregulierung den Verbrauch zu senken. Besorgnis erregte vor allem der erhöhte Konsum sogenannter „harter" Alkoholika, zu deren Verbreitung das unzureichende Wein- und Bierangebot, die Einführung der 5-Tage-Arbeitswoche in den sechziger Jahren und Einkommenserhöhungen sowie mangelnde Warenangebote bei Industriekonsumgütern und hochwertigen Nahrungsmitteln beigetragen hatten.

1978 konnte die SED noch stolz vermelden, daß sich die Lage auf dem Kaffeesektor – allerdings ohne ihr Zutun wegen der gesunkenen Kaffeepreise auf dem Weltmarkt – wieder normalisiert hatte. Aber damit hatte sich das Krisenkarussel erst zu drehen begonnen. 1978 kämpfte die DDR mit dem schlimmsten Kälteeinbruch seit Kriegsende, der der Wirtschaft Schäden in Millionenhöhe zufügte. Kaum war dieser überstanden, drangen bedrohliche Nachrichten vom östlichen Nachbarn, Polen, über die Grenze. Solidarność machte mobil, Polen befand sich in einer politischen Krise. Die DDR schloß schließlich 1981 ihre Grenze und setzte den erst zehn Jahre zuvor ins Leben gerufenen visafreien Verkehr mit dem Nachbarland wieder aus.

Jenseits dieser politischen Schwierigkeiten stand die DDR zudem kurz vor der Zahlungsunfähigkeit, vor der sie nur der 1983 von Franz Josef Strauss maßgeblich befürwortete Kredit der Bundesrepublik bewahrte. Im ganzen Land waren Kaffee, Butter und Fleisch – vormals zum „Systemvergleich" auserkorene Lebensmittel – knapp.

Eine delikate Versorgungsstrategie

Mängel in der Versorgung waren also in den achtziger Jahren kein neues Thema. Die Sitzungen von Politbüro und Zentralkomitee, die Berichte der Räte der Bezirke und Kreise sowie der Staatssicherheit beschäftigten sich unaufhörlich mit den „Engpässen" in der Versorgung der Bevölkerung. Weder die tausend kleinen noch die zehn großen Dinge waren zu nichtig, um nicht auf höchster Ebene beraten und beschlossen zu werden. Entgegen allen Plänen und Zukunftsvisionen hatten die Versorgungsprobleme im Laufe der Zeit jedoch nicht ab-, sondern zugenommen. Und allen realen Verbesserungen im Alltag und in der Versorgung zum Trotz gab sich die Bevölkerung mit dem Erreichten nicht zufrieden, sondern war mit ihren Bedürfnissen der tatsächlichen Entwicklung immer ein gutes Stück voraus.

Die statistischen Ergebnisse klangen nicht schlecht. Immerhin erreichte der Ausstattungsgrad der Haushalte mit hochwertigen technischen Gütern wie Kühlschränken, Fernsehern und Waschmaschinen 90 Prozent, im Pro-Kopf-Verbrauch an Nahrungsmitteln verteidigten die DDR-Bürger seit langem die Weltspitze und auch bei Dienstleistungen hatte sich die Lage gebessert.

Zwar hatte sich der Lebensstandard der DDR-Bürger erhöht, aber die erhoffte Zufriedenheit mit den Lebensumständen war nicht eingetreten. Im Gegenteil: Die Forderungen und Erwartungen weiteten sich aus. Das Institut für Marktforschung räumte in seinen Veröffentlichungen ein, daß die Einteilung

(Foto: Verband der Konsumgenossenschaft-VdK eG, Fotoarchiv)

der Bevölkerung in Zielgruppen, die in ihrem Konsumverhalten beeinfluß- und erziehbar waren, gescheitert war. Der Bevölkerung wurde ein wachsender Wille zur Distinktion und Differenzierung attestiert, den es mit Waren zu befriedigen gelte. Subjektiv empfanden die Bürger die Versorgungslage als so schlecht wie seit den fünfziger Jahren nicht mehr.

Bereits 1959 hatten die auf der Bank befindlichen Sparguthaben zum ersten Mal die frei in Umlauf befindlichen Geldmittel überstiegen. Um aufkeimenden Unmut zu besänftigen, erhöhte die SED immer wieder die Löhne und Gehälter und hielt an den niedrigen Mieten, Energiepreisen und Verkehrstarifen fest. Hauptaufgabe war es, das „erreichte Versorgungsniveau zu sichern" und eine Rang- und Reihenfolge der Bedarfsdeckung zu erstellen. Die als „sozialistische Errungenschaften" popularisierten niedrigen Mieten und die Preise für Energie, Brot und Milch galten wie schon in den siebziger Jahren als unantastbar. Gleichzeitig legte die Abteilung Handel und Versorgung beim Zentralkomitee der SED Listen über die aktuellen Mangelwaren an. Auf ihnen fanden sich fast alle Waren wieder, die ursprünglich den Wettstreit mit der Bundesrepublik entscheiden sollten.

Die Bevölkerung hatte nun genügend Geld und verdiente nunmehr durchschnittlich 1.000 Mark im Monat. Doch angesichts der unzureichenden Warendeckung und der fehlenden technisch weiterentwickelten Produkte gab es wenig Gelegenheiten, dieses Geld auch auszugeben. So hatten gerade die Versuche, die Bevölkerung über den Lohnfonds zu befrieden, die Unzufriedenheit noch erhöht.

Täglich mit den Versorgungslücken konfrontiert, paßten die Menschen ihr Einkaufsverhalten dem unbefriedigenden Angebot an. Spekulations- und Vorrats- sowie Impulskäufe mehrten sich und führten ihrerseits wiederum zu neuen Versorgungsproblemen. Die Erwartung von Preiserhöhungen und neuerlichen Einbrüchen in der Versorgung verstärkten den Warenabkauf weiter. Tauschgeschäfte und ein „grauer Markt", auf dem für D-Mark alles zu haben war, verschärften die offizielle Versorgungssituation noch. Monika Maron prägte den Begriff von der „Diktatur der Kellner und Verkäuferinnen". „Sondergeschäfte" wie Intershop, Genex, Delikat oder Exquisit verbesserten die Versorgungslage nur auf kurze Sicht. Die politischen Folgen und der wachsende Unmut der Bevölkerung über die Ungerechtigkeiten in der Verteilung der Waren zeitigten gravierende Folgen.

Die offiziellen Berichte sprachen von einer „stabilen Versorgungssituation". Diese erwies sich in den nicht-veröffentlichten Analysen jedoch als „stabil kritisch", woran sich den Prognosen zufolge auch in absehbarer Zeit nichts ändern würde.

Um der wachsenden Unzufriedenheit gegenzuwirken, hatte das Politbüro beim ZK der SED im Frühjahr 1977 beschlossen, die Delikat- und Exquisitläden auszubauen. Sie sollten den Bedarf der – devisenlosen – Bevölkerung an hochwertigen Importnahrungsmitteln befriedigen und über die dort erzielten höheren Preise zum Abbau der ständig wachsenden Spareinlagen beitragen. Entsprechend einer auch für andere Bereiche des öffentlichen Lebens in der DDR geltenden Regelung entsprach das Warenangebot dem Verhältnis 60:40. 60 Prozent der Waren sollten hochwertige, dem Westen in Verpackung und Art entsprechende Waren aus einheimischer Produktion sein, 40 Prozent aus Importen vor allem aus der Bundesrepublik stammen. Das Angebot im „Delikat" entsprach bis 1981 auch den Erwartungen der Verbraucher, konnten Mängel im Angebot doch mit der Anlaufphase begründet werden. Hinzu kam, daß im Delikat vor allem Waren angeboten wurden, die im sonstigen Einzelhandel nicht anzutreffen und somit konkurrenzlos waren: „Die umsatzstimulierende Wirkung des Delikat-Warenangebots beruht hauptsächlich auf der Hervorhebung und Abgrenzung gegenüber dem traditionellen WtB-Sortiment und damit auf dem Effekt der Bereicherung und Vielfalt des Nahrungs- und Genußmittelangebots."[55] Bald stellte sich jedoch heraus, daß die angebotenen einheimischen Artikel nicht als Alternative zu den Importen akzeptiert wurden. Sie galten als „nachgemacht" und entsprachen nicht den Erwartungen an ein westliches Erscheinungsbild der Waren. Bereits 1981 war eine „generelle Angebotsverschlechterung" eingetreten, in deren Folge das avisierte Ziel, einen festen Käuferkreis mit seiner Kaufkraft zu binden, nicht gelang. Auch litt die Akzeptanz des Delikathandels als sinnvolle Ergänzung zum sonstigen Warenangebot, da nach und nach immer mehr Waren aus dem normalen Warensortiment nun in den Delikatläden auftauchten. Die Bürger fühlten sich betrogen und unterstellten, daß Mangelwaren aus dem normalen Sortiment zu höheren Preisen im „Delikat" käuflich waren.

Bis Ende der 80er Jahre verschärften sich die Diskrepanzen zwischen Angebot und Nachfrage weiter. Zwar erreichte der Umsatz im „Delikat" das zweifache Volumen des Umsatzes im Sortiment „Waren des täglichen Bedarfs", aber das kam nur zustande, weil die befürchtete Verlagerung des Angebots aus dem WtB-Sektor in den Delikat-Bereich eingetreten war. Die Vorzeigeläden der DDR schnitten in der Bewertung durch die Bevölkerung gegen Ende der DDR immer schlechter ab. Diese bescheinigte ihnen eine stetig abnehmende Auswahl, mangelnde Vielfalt, ein sinkendes Versorgungsniveau mit einem unzureichenden Grad an Bedarfsdeckung. Dennoch kaufte die Bevölkerung verstärkt in diesen Läden ein. Vor der durch das mangelhafte Angebot forcierten Reservehaltung der DDR-Bevölkerung Käufen gegenüber, vor dem verstärkten unberechenbaren Kaufverhalten und den daraus resultierenden Kaufverlagerungen in andere Bereiche wie Textilien warnten die Marktforscher eindringlich. Sahen sie doch im Scheitern des Modells „Delikat" die Gefahr von Versorgungsstörungen bisher ungekannten Ausmaßes. Ihre Forderungen nach einer Erhöhung der Importe und der Aufnahme tatsächlicher „Delikatessen" in das Angebot blieben ungehört bzw. wegen der fehlenden Devisen unerfüllbar.

Auch im Bereich der kostenintensiven Konsumgüter wie PKW, Fernsehern, Kühlschränken oder Waschmaschinen sah es kaum anders aus. Die Läden und Lager waren zwar voll, aber bei den Verbrauchern, die längst ihren Grundbedarf an technischen Hausrat, Möbeln und Bekleidung gedeckt hatten und denen der DDR-Handel kaum Neuerungen bieten konnte, hatte sich der Trend zum teuren Produkt und zu hochwertigen Erzeugnissen durchgesetzt. Auf begehrte Neuentwicklungen wie Farbfernseher oder Vollautomaten mußte jedoch bis zu mehreren Jahren gewartet werden. Somit war auch hier keine reale Möglichkeit gegeben, die Kaufkraftüberhänge wirkungsvoll abzubauen und die steigende Unzufriedenheit einzudämmen. Die Ausmusterung alter und der Kauf neue Geräte wurde auch dadurch erschwert, daß technisch neue Geräte wie Farbfernseher, Waschvollautomaten oder Kaffeemaschinen nur in geringen Stückzahlen in den Verkauf gingen.

Auch wenn Anfang der achtziger Jahre bereits 24 Prozent der DDR-Haushalte ein Farbfernsehgerät ihr eigen nannten, lag die Kaufbereitschaft weit höher. Wenn man sich schon einen neuen Fernseher leisten wollte und konnte, dann sollte es auch das technisch modernste Gerät sein. Den DDR-Bürgern, die sich einen einheimischen Colortrone-Farbfernseher kaufen wollten, kam unverhofft der Westen in Gestalt des Patentrechts zu Hilfe. Der für den Export entwickelte Fernseher konnte wegen der Verletzung von 28 Patenten nicht exportiert werden. So beschloß die SED-Führung, für dieses Produkt die Teilzahlung einzuführen, was zum Abbau der die Lager verstopfenden zigtausend Geräte führte.

Die in den achtziger Jahren in zweijährigem Turnus erstellten Marktlagetests kamen zu immer schlechteren Befunden. Fast alle Konsumgüter zählten inzwischen zu den kriti-

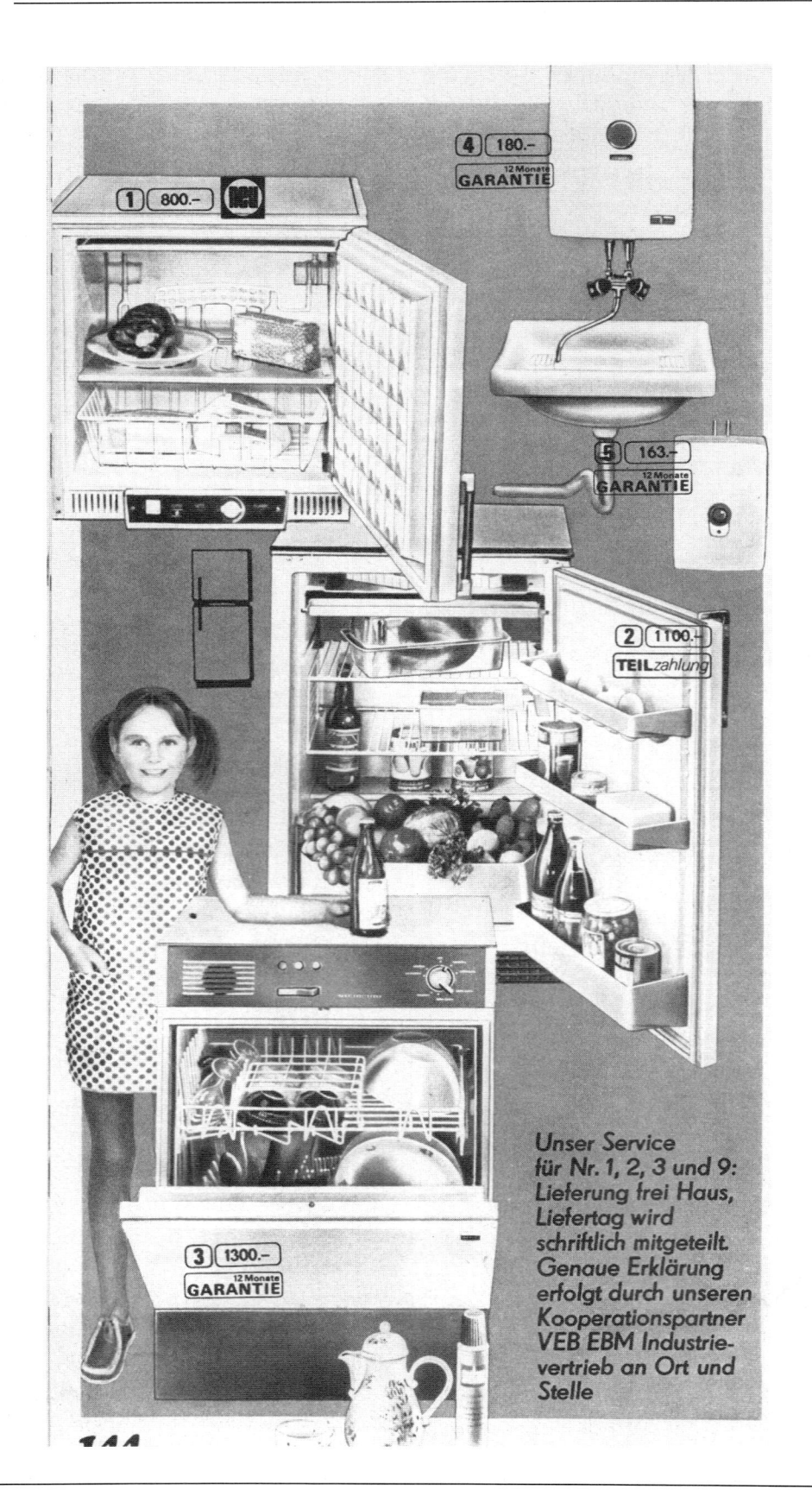

1	800.-
4	180.-	12 Monate GARANTIE
5	163.-	12 Monate GARANTIE
2	1100.-	TEILzahlung
3	1300.-	12 Monate GARANTIE

Unser Service für Nr. 1, 2, 3 und 9: Lieferung frei Haus, Liefertag wird schriftlich mitgeteilt. Genaue Erklärung erfolgt durch unseren Kooperationspartner VEB EBM Industrievertrieb an Ort und Stelle

schen Sortimenten: „Am Ende des III. Quartals 1985 kann einmal mehr festgestellt werden, daß bei der Mehrzahl der in beiden Warengruppen untersuchten Sortimente insgesamt ausreichende Angebotsmengen zur Deckung der Bevölkerungsnachfrage vorhanden waren. Schwierigkeiten bereitet nach wie vor das Angebot dieser Gesamtmengen in einer nachfragegerechten strukturellen Zusammensetzung. [...] Solche Schwierigkeiten äußern sich einerseits in unzureichenden Angebotsmengen [...], andererseits in teilweise beträchtlichen Überangeboten."[56] Bei Schuhen wurde eine „komplizierte Marktlage" festgestellt, die allerdings durch die private Einfuhr – via Geschenksendungen – von mehreren Millionen Paar Schuhen über den privaten Paketverkehr wieder gemildert werde. Zum Bereich Oberbekleidung hingegen hieß es: „In der Frühjahr-Sommer-Saison 1985 ist es nicht gelungen, die Marktsituation nach der im Vorjahr verzeichneten Verschlechterung wieder zu stabilisieren. Der Einzelhandel meldet bei 60 Prozent der Untersuchungspositionen unzureichende Angebotsmengen [...]."[57]

Aber die Forscher des Instituts entdeckten zumindest in ihren veröffentlichten Verlautbarungen auch noch in dieser angespannten und unbefriedigenden Situation etwas Gutes. So führe die mangelhafte Angebotssituation dazu, daß die Bevölkerung nicht nur auf dem Nahrungsmittelsektor durch das Einkochen, sondern auch bei der Kleiderfrage auf das „Selbermachen" zurückgriffe. Bereits 1976 hatte eine Studie die Frage aufgeworfen, ob die „individuell geschneiderte Oberbekleidung Luxus, Hobby oder 'Notlösung'"? sei. Im Ergebnis stellte das Papier einerseits fest, daß das unzureichende Angebot im Handel zum Selbernähen führe, daß andererseits aber dadurch auch eine „sinnvolle Nutzung des Freizeitfonds unserer Frauen" gewährleistet werde.[58] Auch der in den 80er Jahren forciert betriebene Ausbau der An- und Verkauf-Läden (A&V), des Secondhand-Handels in der DDR, war vor allem fehlenden Waren geschuldet.

Schaufenster Berlin

Der Ärger über die eingeschränkten Konsummöglichkeiten wurde noch durch die seit den sechziger Jahren betriebene Bevorzugung von Berlin bei der Belieferung mit Mangelwaren verstärkt. Einerseits verschob die Berliner Versorgungslage die Statistiken und suggerierte ein höheres Versorgungsniveau, andererseits reisten Hunderttausende aus den Bezirken in die Hauptstadt, um hier einzukaufen. Dieser Einkaufstourismus lief in den achtziger Jahren aber nicht mehr nur privat ab. Betriebe stellten ihre Werksfahrzeuge für Einkaufsfahrten direkt beim Produzenten zur Verfügung und schickten Lastwagen nach Berlin und andere Orte, um nach Bestellisten ihrer Beschäftigten einzukaufen. Schließlich gab es in der DDR alles zu kaufen – nur nicht unbedingt in den offiziellen Läden.

Für die bevorzugte Versorgung von Berlin waren politische Prämissen ausschlaggebend. Berlin sollte als „Grenzstadt zum Imperialismus" zum Schaufenster des Sozialismus werden und vom Wachsen und Gedeihen des ersten sozialistischen Arbeiter-und-Bauern-Staates auf deutschem Boden künden. So erhielt Berlin pro 1.000 Einwohner die doppelte Anzahl PKW zur Verfügung gestellt als die Bezirke. Auch die durchschnittlichen Wartezeiten waren in der Hauptstadt mit 132 Monaten wesentlich geringer als in den Bezirken, wo 156 Monate auf ein Auto gewartet werden mußte.

Ausländer als Sündenböcke

Bei ihrem Versuch, hausgemachte Problemlagen externen Ursachen anzulasten, griffen die DDR-Marktforscher auf altbekannte Repertoirs zurück. War bereits 1953 die verschobene Aufhebung der Rationierung dem Abkauf der Westberliner Bevölkerung in Ostberlin angelastet und auch der Mauerbau mit dem drohenden Ausverkauf der DDR durch Westberliner begründet worden, so boten sich in den achtziger Jahren wiederum Touristen und Ausländer als Sündenböcke an. 1980 wurde im Auftrag der Regierung untersucht, welche Auswirkungen der ausgesetzte Reiseverkehr zwischen Polen und der DDR auf die Versorgungslage hatte. Man stellte fest, daß dieser auf 33 Prozent des Vorjahresstandes zurückgegangen sei, wobei die Einreisenden zu 90 Prozent als Arbeitskräfte in die DDR kamen. Diese wiederum kauften weniger Waren, wodurch für DDR-Bürger mehr zur Verfügung stand. Im Klartext hieß das: „Infolge des Rückgangs der Käufe polnischer Touristen wurden die verfügbaren Warenfonds in stärkerem Maße für die Versorgung der Bevölkerung in der DDR wirksam."[59]

Trotzdem rief das „polnische Kaufverhalten" unter der Bevölkerung antipolnische Tendenzen und Streikbereitschaft hervor: Die Polen hätten keine Lust zu arbeiten und das Land sei ein Faß ohne Boden. Die Polen-Hilfe würde die Versorgung in der DDR nur verschlimmern, hieß es. Hans Modrow meldete sogar aus Dresden, daß die Bevölkerung in den Grenzbezirken erwäge, tagsüber nicht mehr zu arbeiten, sondern einkaufen zu gehen, um den Polen zuvorzukommen. 1988 wurden die Marktforscher noch deutlicher. Sie errechneten über zehn Millionen Besuche aus sozialistischen und nichtsozialistischen Ländern in die DDR, die dabei auch in Läden der DDR einkauften: „Damit partizipieren Ausländer an den Errungenschaften, die im Zuge der Verwirklichung der Einheit von Wirtschafts- und Sozialpolitik in unserem Land erreicht worden sind. Das bedeutet einen Schaden für die Wirtschaft der DDR und beeinflußt das politische Klima negativ." Um dieser Situation zu begegnen, empfahlen die Marktforscher, die Rationierung wieder einzuführen, um eine „handelsseitige Einflußnahme auf die Höhe der Abkaufmengen" zu haben.[60] Die Rationierung wurde kurzzeitig für Fleischwaren wieder eingeführt: Pro Person durfte nur noch 500 g gekauft werden. Aber dies traf weniger die Ausländer als die DDR-Bürger selber, denen man je eigentlich die Waren erhalten wollte.

Epilog

Bis 1989 verbesserte sich die schlechte Versorgungslage nicht mehr. Im Gegenteil, sie verschlimmerte sich weiter. Die Ökonomen wandten sich nun der Mobilisierung aller Versorgungsmöglichkeiten zu und griffen auf bisherige Tabuthemen wie Intershop und Westpakete zurück. Zwar hatte sich Erich Honecker 1977 vor SED-Funktionären noch optimistisch dazu geäußert, daß die Läden, die die DDR-Bevölkerung zunehmend in zwei Gruppen polarisiert hatten, nicht von langer Dauer sein würden: „Gestattet mir ein offenes Wort zu den Intershop-Läden. Diese Läden sind selbstverständlich kein ständiger Begleiter des Sozialismus. Natürlich übersehen wir nicht, daß Bürger der DDR, die keine Devisen besitzen, in gewissem Sinne im Nachteil gegenüber denen sind, die über solche Währung verfügen. Mit dieser Frage haben wir uns befaßt und festgelegt, das Netz der `Exquisit´-Läden auszubauen. Auch die Anzahl der Delikat-Läden wird erhöht."[61]

Ende der achtziger Jahre mußte der von der SED in Auftrag gegebene „Sonderauftrag zur gegenwärtigen Versorgungssituation"[62] jedoch erneut in Wiederholung des 1976 von Erich Honecker auf dem IX. SED-Parteitag gesprochenen Wortes feststellen, daß nur das verbraucht werden könne, was vorher produziert wurde. Der Bericht verwies darauf, daß die seit Ende der 70er Jahre unter dem Eindruck der polnischen Entwicklung verfolgte Einkommenspolitik zu einem schnelleren Wachstum der Einkommen als der Produktion geführt habe. Hinzu komme, daß das produzierte Angebot nicht den Kaufwünschen der Bevölkerung entspreche, deren freie Geldmengen weder über die hochpreisigen Waren in Delikat und Exquisit noch über andere Konsumgüter gebunden werden könnten. Auch hätten die seit 1975 erzielten Umsatzsteigerungen im Handel nichts mit einem erhöhten Abkauf durch die Bevölkerung zu tun, sondern mit Preiserhöhungen. Auch die Intershop-Politik der Regierung fördere dieses Verhalten, da die in den Intershop angebotenen Waren westlicher Produktion selbst bei einem unrealistisch hohen Umtauschwert zwischen D- und DDR-Mark von 1:8 bzw. 1:10 immer noch den gleichen Preis hätten wie die im DDR-Handel angebotenen – zumeist minderwertigen – DDR-Waren. Die Bevölkerung werde durch diese Preisgestaltung indirekt aufgefordert, DDR-Geld zu Schwarzmarktkursen, die derzeit bei 1:4 bis 1:5 lägen, zu tauschen und im Intershop einzukaufen. Hinzu komme, daß die Bevölkerung sich an Waren aus dem Nichtsozialistischen Währungsgebiet (NSW) orientiert habe und diesen einen größeren moralischen und materiellen Wert als entsprechenden DDR-Produkten beimesse. Eine im Februar 1989 fertiggestellte Studie über den Paket- und Postverkehr mit der Bundesrepublik brachte zutage, daß die DDR-Wirtschaft und der Handel auf die private Einfuhr von Konsumgütern und Nahrungsmitteln regelrecht angewiesen waren. Teilweise überstieg die private Einfuhrmenge von Kaffee, Kakau, Oberbekleidung und Schuhen die Menge der in der DDR produzierten Waren.[63] Der Bericht verwies auf die Bedeutung dieser Einfuhrmengen für die Wirtschaft der DDR, da sie die Eigenproduktion entlasteten. Es sei ein Trugschluß den Stellenwert der Genußmittel in den Paketen geringzuschätzen, da ein Teil der angespannten Versorgungslage auf dem DDR-Markt darüber ausgeglichen werde. Hierbei würde es sich „in jedem Einzelfall um versorgungspolitisch relevante Mengen" handeln, „die maßgeblich das Versorgungsniveau bei diesen Sortimenten prägen. Stets muß mit Nachdruck darauf verwiesen werden, daß Textilwaren in dieser Größenordnung seit Jahrzehnten über den Postpaket- und Päckchenverkehr in die DDR gelangen und in den Garderobefonds unserer Bevölkerung eingehen. Diese Einfuhrmengen an Textilwaren bieten den Empfängern die Möglichkeit, qualitative und strukturelle Mängel im Warenangebot auch über längere Zeiträume zu überdecken [...]". Problematisch sei lediglich, daß über die Einfuhr von 'hochmodischer Kleidung' die Kleidungsansprüche in die Höhe geschraubt würden, ohne daß der Handel in der DDR dem etwas entsprechendes entgegenzusetzen habe. Auch sei das hierüber an die Nichtempfänger von Paketen vermittelte Frustrationspotential nicht zu unterschätzen: „Anders ist das natürlich bei den Bevölkerungskreisen, die nicht über derartige Kontakte verfügen. Hier wird eine permanente Unzufriedenheit genährt, die durch den Augenschein im Straßenbild oder an der Arbeitsstelle ständig neu geschürt wird. Dieser politische Aspekt, der schon in der Schule beginnt, darf in seiner Bedeutung nicht unterschätzt werden."[64] Doch derartige Warnungen verhallten ungehört.

Die Ökonomen entwickelten immer wieder das gleiche Szenario, um diese Entwicklung aufzuhalten. Solange das Angebot nicht dazu angetan sei, die Geldüberhänge wirksam abzubauen, sollte auf das Mittel der Kaufkraftstimulierung über Einkommenserhöhungen verzichtet werden. Mehr noch wurde gefordert, die Preise für Mieten, Energie und soziale Leistungen zu erhöhen, um so die Belastung des Staates und die wachsenden Spareinlagen der Bevölkerung abzubauen. Sie rieten dazu, die Preise zu erhöhen, Löhne und Gehälter einzufrieren und technisch hochmoderne Waren bereitzustellen. Aber all diese Maßnahmen, die bis 1989 immer wieder gefordert wurden, lehnte die SED aus politischen Gründen ab: Sie fürchtete durch unpopuläre Maßnahmen auf dem Konsumsektor ihre Legitimät noch mehr zu untergraben.[65] Statt Preiserhöhungen gewährte die SED weitere Einkommenserhöhungen, für die bereits seit langem keine Warendeckung mehr vorhanden war. Die Einführung von technisch hochmodernen Waren scheiterte an den veralteten Industrieanlagen und dem Mangel an Devisen. Und so schien es nur eine Frage der Zeit, bis die SED-Führung ihren politischen und ökonomischen Offenbarungseid leisten mußte. Dies tat Werner Jarowinsky, Sekretär für Handel und Versorgung beim ZK der SED am 10. November 1989, in dem er vor der versammelten SED-Spitze erklärte, die DDR habe seit dem Ende der 60er Jahre über ihre wirtschaftlichen Verhältnisse gelebt.

Nach der Öffnung der Grenze und dem Fall der „Mauer" im November 1989 konstatierte man im Westen, daß die DDR-Bürger das gerade empfangene Begrüßungsgeld unverzüglich in Lebensmittel wie Kaffee, Schokolade und Südfrüchte, unter denen die Banane den Spitzenplatz innehatte, umsetzten.[66] Alle diese Produkte waren bis dahin sporadisch über Westpakete, Intershop oder die Delikatläden in den Konsum der DDR-Bürger eingegangen und hatten ihre Konsumerwartungen wesentlich mitgeprägt.[67]

Anmerkungen

1. Karl Böhm, Rolf Dörge: Unsere Welt von morgen. Berlin 1961. Die folgenden Zitate entstammen den Seiten 10 und 368.
2. Ullrich Mählert: Die Partei hat immer recht. Berlin 1996, S. 425.
3. Über die Maßnahmen zur Gesundung der politischen Lage in der Deutschen Demokratischen Republik. Anlage zum Protokoll der Politbürositzung vom 5. 6. 1953. In: Hoffmann, Dierk; Schmidt, Karl-Heinz; Skyba, Peter (Hrsg.): Die DDR vor dem Mauerbau. Dokumente zur Geschichte des anderen deutschen Staates 1949–1961. München 1993, S. 153. Im folgenden: Hoffmann, Schmidt, Skyba: Die DDR vor dem Mauerfall.
4. Der neue Kurs und die Aufgaben der Partei. In: Dokumente der SED. Berlin 1954, Bd. IV, S. 449.
5. Der Handel im Siebenjahrplan der Deutschen Demokratischen Republik und seine Aufgaben zur weiteren Verbesserung der Versorgung der Bevölkerung. Berlin 1959, S. 4.
6. Ebd., S. 105.
7. Centrum-Katalog Frühjahr/Sommer 1961, S. 58.
8. Gerhard Manz: Was darf es sein? Was Du vom Handel wissen solltest! Berlin (DDR) 1959, S. 55.
9. Ebd, S. 81.
10. Heinrichs, Wolfgang: Die Grundlagen der Bedarfsforschung. Berlin 1955, S. 7.
11. Bericht zum Standort Siedenbollentin. SAPMO-BArch, J IV 2 610–135, S. 9.
12. Probleme des Handels auf dem Land bis zum Jahre 1970, vom 20.11.1962. SAPMO-BArch J IV 2 610-135, S. 1–2.
13. Konsument-Katalog Frühjahr/Sommer 1959, S. 2
14. Handelskonferenz der SED, Berlin 1959, S. 40.
15. Bericht zur Versorgungslage vom 16.5.1960, SAPMO-BArch J IV 2 610-134, S. 7.
16. Hoffmann, Schmidt, Skyba: Die DDR vor dem Mauerbau, S. 389.
17. Koch, Herbert: Die Ausstattung der Haushalte der Bevölkerung mit wichtigen technischen Konsumgütern Teil II. In: MIM Nr. 2/1966 (im folgenden: Koch: Ausstattung), S. 13.
18. Albrecht, Anneliese: Die Aufgaben der zentralen staatlichen Organe auf dem gebiet der sozialistischen Binnenhandelswerbung. In: MIM 2/1962 (im folgenden: Albrecht: Aufgaben), S. 22.
19. Ebd., S. 16.
20. Koch, Ausstattung, S. 25f.
21. Die Auswirkungen einer bedarfsgerechten Versorgung der Bevölkerung mit Südfrüchten auf die Entwicklung der Nachfrage. 1972. Barch, Außenstelle Coswig. DL 102/594, S. 7.
22. Statistisches Jahrbuch der DDR, 1990, S. 106.
23. Die künftige Entwicklung der Verbrauchererwartungen an das Sortiment, die Bearbeitung, die Qualität und die Verpackung der Nahrungsmittel. 1968. Bundesarchiv Außenstelle Coswig. DL 102/189, S. 4.
24. Albrecht, Anneliese: Die Funktion und die Aufgaben der Werbung auf dem Konsumgüter-Binnenmarkt, die Verantwortung der einzelnen Organe bei der Lösung dieser Aufgaben und die Vorbereitung und Durchführung der Werbemaßnahmen. Leipzig 1963, S. 2.
25. Beschluß des Ministerrates vom 2.8.1962 über die Abschaffung der Schlußverkäufe.
26. Schubert, Karl-Ernst: Zur Aufgabenstellung des Modeschaffens in der DDR. In: MIM Nr. 2/1963, S. 64.
27. Ebd., S. 58.
28. Weichsel, Ruth: Die sportlich-legere und kombinierfähige Bekleidung erwirbt die Gunst der Konsumenten. In: MIM Nr. 3/1971 (im folgenden Weichsel: Bekleidung).
29. Die Frau. Kleine Enzyklopädie. Berlin 1961, S. 500.
30. Ebd., S. 500.
31. „Kleider machen Leute", In: Eulenspiegel Nr. 15/1968, S. 2.
32. Eulenspiegel Nr. 15/1968, S. 9.
33. Aktuelle Informationen zur Mode und Saison. 1980. BArch, Außenstelle Coswig DL 102/1572, S. 7.
34. Weichsel, Ruth: Die sportlich-legere und kombinierfähige Bekleidung erwirbt die Gunst der Konsumenten. In: MIM Nr. 3/1971, S. 22.
35. ebd.
36. Albrecht: Aufgaben, S. 22f.
37. Statistisches Jahrbuch der DDR. 1967, S. 493.
38. Statistisches Jahrbuch der DDR 1959, S. 527; Statistisches Jahrbuch der DDR 1961, S. 505.
39. Schumann: Rundfunk, S. 51ff.
40. Scholz, Horst: Die Entwicklung des Bedarfs an Konsumgütern der Warengruppe Elektroakustik bis 1980. Teilstudie Fonogeräte. November 1967. BArch, DL 102/166, S. 10.
41. Schumann: Rundfunk, S. 72f.

42 Wittek, Georg: Probleme der Berücksichtigung des Faktors Mode bei der langfristigen Bedarfsprognose für Textilien und Bekleidung. In: MIM Nr. 3/1975, S. 24.
43 Bericht des ZK der SED an den VIII. Parteitag, in: Neues Deutschland vom 16.6.1971, S. 4.
44 Randow, Horst-Dieter: Die Entwicklung der Wohnbedürfnisse der Bevölkerung der DDR. Bericht I 1970. BArch Außenstelle Coswig L 102/443 (im folgenden: Randow: Wohnbedürfnisse).
45 Waltraud Nieke: Zur Problematik Wohnbedürfnisse und bedarfsgerechte Versorgung der Bevölkerung mit Möbeln und Polsterwaren. In: MIM Nr. 1/1979, S. 11ff.
46 Nieke, Waltraud: Zu einigen Veränderungen der Nachfrage bei Wohnzimmermöbeln. In: Mitteilungen des Instituts für Marktforschung (MIM) Nr. 1/1972, S. 18.
47 ebd., S. 18.
48 Randow: Wohnbedürfnisse S. 17.
49 ebd, S. 14.
50 Auszug aus einer Eingabe zur Versorgungssituation im II. Quartal 1987 an das Ministerium für Handel und Versorgung, weitergeleitet am 20. Juli 1987 an das Büro Jarowinsky beim Zentralkomitee der SED. Bundesarchiv (im folgenden: BArch) SAPMO DY 30/37988.
51 Stefan Wolle: Die heile Welt der Diktatur. Bonn 1998, S. 200.
52 Jutta Schmutzler: Zum Bohnenkaffeeverbrauch der Bevölkerung der DDR. In: MIM Nr. 2/1974, S. 22ff.
53 Peter Donat: Entwicklungsprobleme des Spirituosenverbrauchs. In: MIM Nr. 2/1973, S. 24ff.
54 Statistisches Jahrbuch der DDR. Berlin 1990, S. 323.
55 Die Versorgung mit hochwertigen Nahrungs- und Genußmitteln. 1981. BArch, Außenstelle Coswig DL 102/1491, S. 6
56 Marktlagetest Haushaltsgeräte 1985. BArch, Außenstelle Coswig DL 102/VA 121, S.3.
57 Ebda. S. 5.
58 Ruth Weichsel: Individuell geschneiderte Oberbekleidung – Luxus, Hobby oder Notlösung? MIM Nr. 1/1976, S. 13.
59 Zu Auswirkungen der zeitweiligen Veränderungen im privaten Reiseverkehr zwischen der DDR und der Volksrepublik Polen auf dem Konsumgüterbinnenmarkt der DDR im Jahre 1981. BArch, Außenstelle Cosiwg DL 102/1487, S. 7.
60 Sonderauftrag zur gegenwärtigen Versorgungssituation. BArch, Außenstelle Coswig 1989, DL 102/2074, o.S.
61 „Klassenspaltung im Alltagsleben der DDR". In: Neue Züricher Zeitung vom 7.12.1988.
62 BArch, Außenstelle Coswig DL 102/2074.
63 Analyse des Postpaket- und -päckchenverkehrs für das IV. Quartal 1988 und Einschätzung der Jahresgrößen für 1988. BArch, Außenstelle Coswig DL 102 VA 248.
64 Ebd.
65 Herbert Koch: Zur Beeinflussung des Bedarfs der Bevölkerung. MIM Nr. 3/4/1984, S. 9–11.
66 Die Satirezeitschrift „Titanic" widmete ihr Titelbild der Novembernummer 1989 diesem Einkaufsverhalten.
67 Siehe hierzu Miteilungen des Instituts für Marktforschung (MIM) Nr. 4/1989.